Der Deutsche Orden im Dreizehnjährigen Krieg 1454-1466

Ritterbrüder und Söldnerheere

im 15. Jahrhundert

„Got do halff, das sie den siegk gewonnen, das sie der hern soldener schwecheten und nidderlegeten und schlugen von reissigern, burgern und pauern von des ordens seitten wol X^C zu tode.“

Der Chronist Johannes Lindau über die Schlacht bei Schwezin

Danksagung

Der Autor dankt Herrn Sascha Lunyakov und Herrn Stefan Müller für die inzwischen gewohnt gute Zusammenarbeit bei der Erstellung des vorliegenden Buch. Auch Herr Bernhard Glänzer steuerte nun bereits zum wiederholten Mal ansprechende Karten für eines meiner Bücher bei, für die Frau Barbara Zagórska vom Museum Chojnice (Konitz) dankenswerterweise die Vorlagen lieferte. Frau Katja Leipnitz brachte das Manuskript orthographisch auf Vordermann, wofür ich ihr ebenfalls zu Dank verpflichtet bin.

Autor : Alexander Querengässer
Zeichnungen: Sascha Lunyakov
Karten: Bernhard Glänzer

Lektorat: Katja Leipnitz
Layout: Stefan Müller

Herausgeber: Zeughaus Verlag GmbH
Knesebeckstr. 88
10623 Berlin

Telefon: 030/315 700 30
Fax: 030/315 700 77
Email: info@zeughausverlag.de
Internet: www.zeughausverlag.de

Printed in European Union

Bibliografische Informationen der Deutschen Bibliothek
Die Deutsche Bibliothek verzeichnet diese Publikation in der Deutschen Nationalbibliografie; detaillierte bibliografische Daten sind im Internet über http://dnb.ddb.de abrufbar.

ISBN: 978-3-938447-93-2

Titelbild:
Ordensritter und Knecht

Der Inhalt

Nach Tannenberg – Stabilisierung nach außen 5
Krise im Inneren: Die preußischen Stände 6
Der preußische Bund 8
Der Aufstand des Preußischen Bundes 9
Hilfe aus dem Reich 13
Die Schlacht bei Konitz 14
Der Verkauf der Marienburg 18
Das Söldnerwesen zur Zeit des Dreizehnjährigen Krieges 26
Waffen und Waffengebrauch 33
Der Feldzug in Ostpreußen 1454 bis 1457 39
Der Krieg nach der Übergabe der Marienburg 1457 bis 1460 42
Kampf auf der Ostsee 52
Der Feldzug 1460 53
Der Feldzug 1461 55
Die Schlacht bei Schwetzin 1462 56
Das Ende des Krieges 59
Der Zweite Thorner Frieden 62
Literatur- und Quellenverzeichnis 63

Zeittafel

1410, 15. Juli: Schlacht bei Tannenberg, schwere Niederlage des Deutschen Ordens gegen Polen.

1411, 1. Februar: Erster Frieden von Thorn. Der Orden muss Polen 100.000 Schock Böhmische Groschen als Kontribution zahlen.

1412/13: Hochmeister Heinrich von Plauen versucht erstmals allgemeine Steuern im Ordensstaat zu erheben und wird am 14. Oktober abgesetzt.

1440: Gründung des Preußischen Bundes.

1453, 1. Dezember: Kaiser Friedrich III. erklärt den Preußischen Bund für unrechtmäßig und verfügt seine Auflösung.

1454

4. Februar: Der Preußische Bund sagt dem Hochmeister den Gehorsam auf und erklärt dem Deutschen Orden den Krieg; rascher Fall fast aller Ordensburgen.

22. Februar: Kasimir IV. von Polen erklärt dem Deutschen Orden den Krieg.

6. März: Der Preußische Bund erklärt Kasimir IV. von Polen zu seinem Schutzherren.

18. September: Schlacht bei Konitz, Sieg eines Söldnerheeres des Ordens über eine polnisch-bündische Armee.

9. Oktober: Aufgrund finanzieller Probleme verpfändet der Orden mehrere Burgen an seine Söldnerhauptleute.

1455

April: Ein Ordensheer kann die Königsberger Stadtteile Altstadt und Löbenicht zurückerobern.

14. Juni: Der Königsberger Stadtteil Kneiphof kapituliert vor den Ordensstreitkräften unter Heinrich Reuß von Plauen.

1456, 16. August: Da die Zahlungen des Ordens ausbleiben, verkaufen etliche Söldnerhauptleute die Marienburg an den König von Polen.

1457, 7. Juni: Kasimir IV. zieht in der Marienburg ein.

1458: Eine polnisch-bündische Belagerung der Stadt Marienburg scheitert.

9. Oktober: Abschluss eines neunmonatigen Waffenstillstands zwischen dem Orden und Polen.

1459, 12. Juli: Ende des Waffenstillstands.

1460, 6. August: Die Stadt Marienburg kapituliert vor einem polnisch-bündischen Heer.

1462, 17. September: Niederlage eines Ordensheeres unter Fritz von Raveneck und Kaspar von Nostitz in der Schlacht bei Schwetzin.

1463, 15. September: Seeschlacht im Frischen Haff, schwere Niederlage einer Ordensflotte.

1464, 1. Januar: Kapitulation der Ordensburg Mewe.

1466

28. Juli: Kapitulation der Ordensburg Stargard.

21. September: Kapitulation der Ordensburg Konitz.

19. Oktober: Zweiter Frieden von Thorn. Der Deutsche Orden erkennt den König von Polen als obersten Lehnsherrn an und tritt große Teile des Ordensstaates an Polen ab.

NACH TANNENBERG – STABILISIERUNG NACH AUSSEN

Zu Beginn des 15. Jahrhunderts hatte der Deutschordensstaat seine volle Blüte und mit der Eroberung von Gotland und Samaiten auch seine größte Ausdehnung erreicht. Doch gleichzeitig wurde die Existenz des Kreuzfahrerstaates durch die abgeschlossene Christianisierung Litauens und den Zusammenschluss des Großfürstentums mit dem Königreich Polen bedroht. Mit Polen-Litauen war dem Orden ein militärisch starker Gegner erwachsen. Die polnische Unterstützung samaitischer Aufstände gegen die Herrschaft des Ordens beantwortete Hochmeister Ulrich von Jungingen 1407 mit einem Einfall in das Dobriner Land. Nach einem kurzen Waffenstillstand eskalierte der Konflikt 1410 vollends. Die Heere beider Seiten trafen am 15. Juli 1410 auf dem Feld von Tannenberg aufeinander. Der Orden musste eine vernichtende Niederlage hinnehmen.[1]

Doch es gelang Wladislaw Jagiello nicht, seinen Sieg vollends auszunutzen. Die Belagerung der Marienburg scheiterte und als Entsatzheere aus dem Reich und Livland in Preußen eintrafen, gelang es dem Orden, einen Großteil seiner bis dahin verlorenen Gebiete zurückzuerobern. Mit dem Ersten Friedensschluss von Thorn 1411 kamen die Brüder glimpflich davon. Der territoriale Status quo ante konnte bewahrt werden. Dennoch schwächte der personelle Aderlass von Tannenberg den Orden schwer. So waren 205 Ritterbrüder und der Großteil der Komture in der Schlacht gefallen. Mit dem Frieden verpflichtete sich der Orden außerdem, seine in Gefangenschaft geratenen Ritter und Söldner für 100.000 Schock böhmische Groschen auszulösen. Wladislaw Jagiello war auf diese Summe angewiesen, um die nicht geringe Anzahl an Söldnern in seinem Heer zu entlohnen. Dazu kam der schwere wirtschaftliche Schaden, den die polnischen Heere dem Land zugefügt hatten. Ganze Viehherden waren von den Armeen aufgezehrt oder weggetrieben und Ernten vernichtet worden. Der Orden war erstmals gezwungen, Nahrungsmittel in großem Umfang zu importieren. Gleichzeitig gingen die Einkünfte aus den Abgaben der Bauern drastisch zurück, was auch an einer Veränderung des wirtschaftlichen Preisgefüges im ausgehenden 14. Jahrhundert lag. Im Gegensatz zum Wert von Gewerbeprodukten fiel der Getreidepreis, aber gerade aus seinen Getreideexporten hatte der Orden bisher große Gewinne erzielt. Zwar blieb der Deutsche Orden vor einem vollständigen Ruin bewahrt, aber das Preußenland war nun vermehrt auf die wirtschaftliche Hilfe aus den Balleien im Reich angewiesen, die dafür Kirchenschätze einschmelzen und Häuser verpfänden mussten.[2]

Trotz der angespannten wirtschaftlichen und finanziellen Lage war der neue Hochmeister Heinrich von Plauen, der Retter der Marienburg, bereits 1413 entschlossen, sich in einem neuen Waffengang mit Polen-Litauen zu messen. Doch noch im selben Jahr wurde er von den Großgebietigern abgesetzt. Sein Nachfolger wurde der Oberste Marschall Michael von Küchmeister. Zwar schätzte dieser die Lage nüchtern ein und versuchte, einen neuen Krieg mit Polen-Litauen zu vermeiden, dennoch eskalierte der Konflikt in den Grenzregionen bereits 1414 von Neuem. Es folgte eine Reihe von Feldzügen, die immer wieder durch kurzlebige Waffenstillstände unterbrochen wurden. Küchmeister wich einer großen Schlacht geschickt aus. Den Polen gelang es hingegen selten, eine der gut befestigten Ordensburgen einzunehmen. Umso stärker verwüsteten ihre Heere das offene Land, sodass sich die kleinen Städte und Dörfer nur schwer von den Folgen des Krieges von 1410 erholen konnten. Auf dem gleichzeitig tagenden Konstanzer Konzil versuchte der polnische Kanoniker Paulus Vladimiris dem Orden sogar seine Herrschaftsrechte in Preußen abzusprechen. Nach Vladimiris war der Auftrag des Ordens, die Missionierung heidnischer Stämme, abgeschlossen, da Preußen nur noch von christlichen Ländern umgeben war. Dagegen argumentierte der Dominikanermönch Johannes Falkenberg, indem er die Polen der Ketzerei anklagte.[3]

Auch publizistisch versuchten die Brüder die Existenz ihres Staates zu rechtfertigen. So hieß es in einer ihrer Verteidigungsschriften, unter der Herrschaft des Ordens sei Preußen gewachsen. Friede und Gerechtigkeit herrschten im Lande, während die Freiheiten und der

Schlacht bei Tannenberg
Darstellung aus der Berner Chronik (Diebold Schilling d. Ä.).
Entstanden mehr als fünfzig Jahre nach Tannenberg, ähnelt die Ausrüstung der hier gezeigten Ritter eher der der Zeit des Dreizehnjährigen Krieges.

1 *Vgl.:* BOOCKMANN: *Der Deutsche Orden, S. 178–179;* SARNOWSKY: *Der Deutsche Orden, S. 89–93; zu Tannenberg u.a. den 7. Band Heere und Waffen:* ISELT: *Tannenberg 1410.*

2 *Vgl.:* BOOCKMANN: *Der Deutsche Orden, S. 179, 195–196;* SARNOWSKY: *Der Deutsche Orden, S. 94;* CZAJA: *Krise der Landesherrschaft, S. 160–162;* EKDAHL: *Der 1. Thorner Frieden, S. 71–76.*

3 *Vgl.:* BOOCKMANN: *Der Deutsche Orden, S. 171;* SARNOWSKY: *Der Deutsche Orden, S. 95–96;* ZIEGLER: *Kreuz und Schwert, S. 175–176.*

Reichtum der Bevölkerung den Neid der Nachbarn erregen würden. Zeugnis davon legen die blühenden Städte und festen Burgen ab. Zudem wurde darauf verwiesen, dass die früher sehr heterogene Bevölkerung aus heimischen Preußen und deutschen Siedlern fest zusammengewachsen war.[4] In dieser geeinten Bevölkerung lag aber auch die Gefahr für den Orden als Landesherren, denn er rekrutierte seine Ritter nach wie vor mehrheitlich außerhalb Preußens.

Politisch suchte Küchmeister verstärkt die Unterstützung des römischen Königs. Doch im Reich war das Königtum der Luxemburger selbst in eine Krise geraten. König Sigismund, der seine Herrschaft über Ungarn, Böhmen und das Reich zu stabilisieren suchte, schwankte zwischen dem Orden und Polen-Litauen. 1421 brach ein neuer Krieg zwischen den beiden Parteien aus. Michael Küchmeister sah sich aufgrund seiner angegriffenen Gesundheit nicht in der Lage, die politische Situation zu stabilisieren und trat im März desselben Jahres zurück. Zu seinem Nachfolger wurde Paul von Rusdorf gewählt. Da der Orden kaum Unterstützung aus dem Reich erhielt – die meisten Fürsten stellten ihre Aufgebote für die Kreuzzüge gegen die Hussiten zur Verfügung – und die preußischen Stände großen Druck auf den Hochmeister ausübten, willigte Rusdorf am 27. März 1422 in den Frieden von Melnosee ein. Darin trat der Orden Samaiten, die Komturei Nessau und einen schmalen Grenzstreifen in der Großen Wildnis an Polen ab, konnte aber im Übrigen seinen Besitzstand wahren.[5]

Obwohl aus dem Reich kaum Unterstützung für den Orden bereitgestellt wurde, trafen diese territorialen Zugeständnisse bei König Sigismund und vielen Fürsten auf Unverständnis. Paul von Rusdorf versuchte in der Folgezeit, zunächst die wirtschaftliche Lage des Landes zu stabilisieren. Nach dem Tod des litauischen Großfürsten Vytautas 1430 brach zwischen seinen Vettern Switrigal und Wladislaw Jagiello ein Streit um dessen Nachfolge aus. Paul von Rusdorf schloss 1431, möglicherweise in der Hoffnung, die polnisch-litauische Union zu sprengen, ein Bündnis mit Switrigal ab. Im August drang ein Ordensheer in Nessau ein und eroberte die Komturei zurück. Doch das litauische Heer musste eine schwere Niederlage hinnehmen, weswegen der Hochmeister zögerte, seinen Erfolg weiter auszunutzen. König Wladislaw unterstützte derweil den Anspruch Sigismund Kęstutaitis, eines jüngeren Bruders von Vytautas. Während der polnische König die Herrschaft des neuen Prätendenten in Litauen begünstigte, fiel ein von ihm angeheuertes hussitisches Heer 1433 im Ordensland ein. Die größeren Ordensburgen widerstanden zwar den Angriffen der Böhmen, dafür wurde das offene Land ein weiteres Mal schwer verwüstet. 1435 wurde Switrigal in der Schlacht an der Swieta entscheidend geschlagen und musste fliehen. Ein livländisches Ordenskontingent hatte ihm in der Schlacht beigestanden. Landmeister Franke Kerskorf und etliche Ritterbrüder waren dabei gefallen. Infolgedessen schloss der Hochmeister im Dezember 1435 den „Ewigen Frieden“ von Brest ab. Die Ordenstruppen räumten Nessau und das zwischenzeitlich besetzte Dobriner Land. Dafür bestätigte Polen die Herrschaft der Brüder im Kulmer Land und in Pommerellen. Mit dem Frieden von Brest war der vierzigjährige Konflikt zwischen dem Orden und Polen zu einem Abschluss gekommen. Die Interessenskonflikte beider Parteien schienen vorübergehend beseitigt. Allerdings schlitterte der Orden immer mehr in eine innere Krise.[6]

KRISE IM INNEREN: DIE PREUSSISCHEN STÄNDE

Während es den Hochmeistern bis 1435 gelang, die Beziehungen zu Polen in einigermaßen stabile Bahnen zu lenken, nahmen die internen Probleme des Ordensstaats mehr und mehr zu. 1413 wurde Hochmeister Heinrich von Plauen von den Großgebietigern abgesetzt, da er angeblich „wider unseres Ordens buche saczungen“ verstieß. Es war eine fadenscheinige Erklärung, die den Schritt vor allem vor den Fürsten des Reiches rechtfertigen sollte, auf deren finanzielle und militärische Unterstützung der Orden angewiesen war.[7]

Tatsächlich hatte der Hochmeister nach dem Thorner Frieden ein straffes und strenges Regime geführt, um dem Ordensstaat auf schnellstem Wege wieder zu alter Stärke zu verhelfen. 1411 und 1412/13 ließ er erstmals allgemeine Steuern im Land erheben, um die durch Krieg und Frieden eingetretenen Schulden abzutragen. Es war ein erster Schritt, um den feudal geprägten Ordens- in einen Verwaltungsstaat zu überführen. Die erste Steuererhebung führte 1411 zu massiven Protesten seitens der großen Städte und des Adels. Heinrich von Plauen drückte seine Interessen jedoch rigoros durch. Als der Rat von Thorn sich weigerte, die geforderten Steuern zu zahlen, wurde er vom Hochmeister durch ordenstreue Männer ausgetauscht. Auch Danzig verweigerte die Zahlungen hartnäckig. Der dortige Ordenskomtur – ein Bruder des Hochmeisters – ließ schließlich zwei Bürgermeister und einen Ratsherren auf seine Burg laden und umbringen, wodurch der Widerstad der Stadt gebrochen wurde. Gleichzeitig ging Heinrich von Plauen gegen den Eidechsenbund vor, der angeblich den Orden in der Schlacht bei Tannenberg verraten hatte und nun sogar ein Mordkomplott gegen den Hochmeister plante. Ihr Anführer Nicolaus von Reny und etliche Eidechsenritter wurden hingerichtet.[8]

Aufgrund des Widerstandes gegen die erste allgemeine Steuererhebung ließ der Hochmeister 1412 einen Landesrat einrichten, zu dem auch die Städte und der freie Adel ihre Vertreter entsenden konnten. Dieser Rat sollte lediglich die Steuern bewilligen, hatte also nicht wirklich die Funktion einer Ständevertretung. Zwar gelang es Heinrich von Plauen auf diese Weise, Proteste wie 1411 zu vermeiden, doch schon 1413 wurde der Rat wieder

4 *Vgl.:* BOOCKMANN: *Der Deutsche Orden, S. 182.*

5 *Vgl.:* SARNOWSKY: *Der Deutsche Orden, S. 96–97;* ZIEGLER: *Kreuz und Schwert, S. 176.*

6 *Vgl.:* SARNOWSKY: *Der Deutsche Orden, S. 97;* ZIEGLER: *Kreuz und Schwert, S. 177–178.*

7 *Vgl.:* SARNOWSKY: *Der Deutsche Orden, S. 94–95;* ZIEGLER: *Kreuz und Schwert, S. 176.*

8 *Vgl.:* BISKUP: *Orden und die Freiheit der großen Städte, S. 118–119, 124–126;* BISKUP/LABUDA: *Die Geschichte des Deutschen Ordens in Preußen, S. 425;* SARNOWSKY: *Der Deutsche Orden, S. 94;* CZAJA: *Krise der Landesherrschaft, S. 166–167;* ZIEGLER: *Kreuz und Schwert, S. 175.*

abgeschafft. Aber der Gedanke einer Mitbeteiligung von Städten und Ritterschaft an der Ordensherrschaft blieb nun bestehen.[9]

Die Position der Stände wurde später auch durch die Friedensverträge von Melnosee 1422 und Brest 1435 gestärkt. Auf polnischen Druck musste ihnen der Orden das Recht der Gehorsamsverweigerung zugestehen, sollten die Brüder gegen den Inhalt der Friedensbeschlüsse verstoßen. Zwar hatte es bereits vorher ständische Zusammenkünfte gegeben, doch in der Folgezeit fanden diese vermehrt unter Ausschluss von Ordensmitgliedern statt.[10]

Die Stände bestanden im Wesentlichen aus zwei sehr unterschiedlichen Parteien, zum einen den einflussreichen und starken Städten und zum anderen dem Adel. Die großen Ordensstädte, wie Danzig, Thorn und Elbing, hatten lange Zeit bedeutende Freiheiten genossen und konnten vor allem ihre wirtschaftlichen Interessen zumeist ohne Einflussnahme des Ordens umsetzen. Die Kulmer Handfeste, die die juristische Grundlage ihrer städtischen Rechte bildete, erlaubte dem Orden zwar eine Mitwirkung bei den städtischen Wahlen, allerdings machte dieser selten davon Gebrauch. Tat er es dennoch, reagierten die Städte teilweise sehr empfindlich. Im Bistum Ermland griffen beispielsweise 1396 die Bürger von Braunsberg die Bischofsburg an und rissen die stadtseitige Umfassungsmauer nieder.[11] Nach den mitunter massiven Eingriffen des Hochmeisters 1411 forderten die Städte schließlich, dass sie Ratsmitglieder Richter, Schöffen und Bürgermeister ohne Einmischung des Ordens wählen dürften.[12]

Mit ähnlichen Problemen sah sich der Adel konfrontiert. Dessen Position war im europäischen Vergleich bescheiden. So behielt sich der Orden das alleinige Recht zum Burgenbau vor. Strittig war die Frage, ob Erbfragen nach kulmischem, magdeburgischem oder polnischem Recht geklärt werden sollten. Der Orden drängte verstärkt auf eine Entscheidung nach kulmischem Recht, da in diesem Fall Besitztümer beim Fehlen männlicher Erben an ihn gefallen wären.[13] Das hatte vor allem militärisch-wirtschaftliche Gründe. Im 13. und frühen 14. Jahrhundert schuf der Orden Siedlern große Anreize, damit sie sich im Land niederließen. Zugewanderte mussten nur geringe Abgaben leisten, ihre wichtigste Lehnspflicht bestand im Militärdienst. Doch im ausgehenden 14. Jahrhundert verlor das Landesaufgebot gegenüber angemieteten Söldnerheeren rasch an Bedeutung. Der Orden hatte nun ein großes Interesse, adlige Dienstgüter wieder an sich zu bringen, um sie an Bauern zu verteilen, die mit ihren Abgaben zur Finanzierung der Söldner beitragen konnten.[14]

Daran schloss sich auch die Frage nach der Erblichkeit sogenannter Regalien, wie Mühlen-, Fischerei- und Jagdrechte an. Diese gab der Orden zwar an Untertanen weiter, aber nur im Sinne einer Belehnung. Bereits auf dem Huldigungstag des neuen Hochmeisters Michael von Küchmeister 1414 forderten die Stände daher, *„daß Ritter, Knechte und Städte und das ganze Land bei ihren Rechten und Privilegien bleiben und auf keine Weise ihrer beraubt werden sollen.“*[15]

Die wirtschaftlichen Schwierigkeiten des Ordens zeigten sich auch im fast vollständigen Stillstand beim Burgenbau. Dem Orden fehlte das Geld für umfangreiche Bauvorhaben, weswegen er sich lediglich auf einen Ausbau seines Haupthauses konzentrierte. Bei der Belagerung Marienburgs 1410 hatten erstmals auch Feuerwaffen eine Rolle gespielt. Diese Erfahrungen spiegeln sich auch in den Baumaßnahmen des neuen Hochmeisters Heinrich von Plauen wieder, der seinerzeit die Verteidigung geleitet hatte. Plauen ließ vor allem die äußeren Befestigungswerke erweitern, die bereits frühneuzeitlichen Befestigungskriterien entsprachen. Es entstand eine niedrige Mauer mit kleinen Halbtürmen, die für die Aufnahme von Geschützen gedacht waren. Vor der Mauer erstreckt sich ein bis zu zwanzig Meter breiter und fünf Meter tiefer Graben mit einem Glacis. Der Großteil des Verteidigungssystems befand sich nun unterhalb des normalen Bodenniveaus, um es der Sichtlinie feindlicher Kanoniere zu entziehen.[16]

Die einzige andere Burg, an welcher in dieser Zeit größere Baumaßnahmen vollzogen wurden, war das einen halben Tagesritt von Marienburg entfernt gelegene Stuhm. Diese Burg folgte nicht mehr dem regelmäßigen, quadratischen Kastelltypus, der fast alle Ordensburgen im Preußenland auszeichnet. Beim Ausbau der Burg standen neben fortifikatorischen bereits repräsentative Zwecke im Vordergrund, denn das malerisch zwischen mehreren Seen gelegene Stuhm diente den Hochmeistern vor allem als Erholungsort.[17]

Die Probleme mit dem preußischen Adel verstärkten sich schließlich durch den Umstand, dass der Orden im Laufe des 15. Jahrhunderts immer weniger Einheimische integrierte. Im 13. und 14. Jahrhundert war zumindest ein Teil des preußischen Adels, meist als Priesterbrüder, in den Orden eingetreten, was die Aussicht auf die Erlangung eines Bischofstitels mit sich brachte. Von daher waren die geschilderten Differenzen in den Bistümern auch weniger spürbar als in den Kernlanden des Ordens. Die Zahl derer, die als Ritterbrüder in den Orden eintraten, nahm hingegen schon Ende des 14. Jahrhunderts drastisch ab. Auch nach dem großen Aderlass von Tannenberg änderte sich daran nichts. Dem Orden hätte sich nun durchaus die Möglichkeit geboten, durch eine verstärkte Rekrutierung des heimischen Adels sowohl seine Ränge wieder zu füllen als auch die Bindung zur eigenen Bevölkerung zu stärken. Dennoch ging die Zahl der Ritterbrüder weiter zurück, von etwa 700 vor der Schlacht bei Tannenberg auf 400 im Jahre 1437 und schließlich auf etwa 300 um 1453. Der Grund hierfür liegt in den sinkenden Einnahmen des Ordens. Anscheinend wurde es im ausgehenden 14. und frühen

9 *Vgl.:* Sarnowsky: *Der Deutsche Orden, S. 95;* Biskup: *Orden und die Freiheit der großen Städte, S. 125–126.*

10 *Vgl.:* Sarnowsky: *Der Deutsche Orden, S. 98–99;* Kurowski: *Die Marienburg, S. 273–276;* Ziegler: *Kreuz und Schwert, S. 177–178.*

11 *Vgl.:* Biskup: *Orden und die Freiheit der großen Städte, S. 117–119;* Herrmann: *Burgen im Ordensland Preußen, S. 217.*

12 *Vgl.:* Sarnowsky: *Der Deutsche Orden, S. 99;* Biskup: *Orden und die Freiheit der großen Städte, S. 126.*

13 *Vgl.:* Sarnowsky: *Der Deutsche Orden, S. 99.*

14 *Vgl.:* Boockmann: *Der Deutsche Orden, S. 200–201.*

15 *Zit. nach:* Sarnowsky: *Der Deutsche Orden, S. 99; vgl.:* Biskup/Labuda: *Die Geschichte des Deutschen Ordens in Preußen, S. 422.*

16 *Vgl.:* Herrmann: *Burgen im Ordensland Preußen, S. 30, 50.*

17 *Vgl.:* Ebd., *S. 30, 195.*

15. Jahrhundert üblich, dass Komture und Vögte entgegen der Ordensregel privaten Besitz erwarben, weswegen die Mitglieder von selbst darauf achteten, dass es nicht zu viele Konkurrenten gab.[18]

Es kam zu einer zunehmenden Entfremdung zwischen den Ständen und der Ordensführung, was zu einer wachsenden Forderung nach politischer Beteiligung führte. 1430 forderten die Stände eine Erneuerung des Landrats, sowie die Schaffung eines Richttages, auf dem Landesherr und Stände gleichermaßen vertreten wären. Doch der Orden verstand seine Rechtsprechung ausschließlich geistlicher Natur und sperrte sich gegen die Etablierung eines Gerichts mit weltlichen Vertretern. Auch die Mitwirkung der Stände in einem erneuerten Landtag versuchte Paul von Rusdorf soweit zu beschneiden, dass diese den Kompromiss schließlich ablehnten. 1432 etablierte der Hochmeister einen neuen Geheimen Rat, berief jedoch dafür nur vier ordensfremde Landesritter, darunter Hans von Baysen.[19]

Dennoch wuchs der ständische Einfluss, während Adel und Städte sich annäherten. Auf ihren Druck gab es nach 1413 keine allgemeinen Steuern mehr, was jedoch den Ordensstaat als Ganzes schwächte. Die Friedensschlüsse von 1422 und 1435 kamen vor allem aufgrund der ständischen Forderungen zustande, was ein Grund dafür sein mag, dass Polen deren Stellung im Ordensstaat stärken wollte. 1438 verhinderten sie sogar, dass der Orden entsprechend der Forderung des römischen Königs Albrecht II. einen Feldzug nach Böhmen unternahm. Dass Paul von Rusdorf dem ständischen Druck immer öfter nachgab, brachte ihn zunehmend in Konflikt mit anderen Ordenszweigen, unter anderem dem Deutschmeister, der ihn 1439 sogar für abgesetzt erklärte. Der Deutschmeister Eberhard von Sinsheim versuchte die deutschen Balleien vom übrigen Ordensstaat zu emanzipieren. Paul von Rusdorf beantwortete diesen Schritt, indem er seinerseits den Deutschmeister absetzte und den deutschen Komtureien befahl, dessen Anweisungen nicht weiter Folge zu leisten.[20]

DER PREUSSISCHE BUND

Je länger der Orden die Integration der Stände in seine Landesherrschaft verweigerte, desto mehr wuchsen deren beide Flügel – Adel und Städte – zusammen. Kernpunkt der Ständeforderungen blieb die Etablierung eines Landgerichtes. 1440 sah sich der Hochmeister zudem mit einem Aufstand der Konvente Königsberg, Balga und Brandenburg (in Ostpreußen) konfrontiert. In diesem Moment erschienen Vertreter der Stände und erklärten, sie wollen sich in einem Bund zusammenschließen, um den Schutz der Untertanen zu gewährleisten und dass dieses Bündnis ihre Verpflichtungen gegenüber dem Deutschen Orden in keiner Weise antasten würde. Paul von Rusdorf ließ die Stände gewähren und diese gründeten am 13. März 1440 auf einer Versammlung in Marienwerder den „Bund wider Gewalt“, der später allgemeinhin als Preußischer Bund tituliert wurde.[21]

Entgegen der Versicherungen, die dem Hochmeister kurz zuvor noch gemacht worden waren, wollte der Bund die ständischen Forderungen nun zur Not auch gegen den Orden durchsetzen. Paul von Rusdorf verweigerte dem Bund daher seine Zustimmung und trat am 2. Januar 1441 von seinem Amt zurück. Er starb eine Woche später. Sein Nachfolger Konrad von Erlichshausen war dem Bund gegenüber durchaus kompromissbereit. Allerdings vertrug sich diese Haltung nicht mit den Reformideen, die der Hochmeister umzusetzen gedachte. Die Stände fühlten sich nachvollziehbarerweise brüskiert, als Konrad 1443 den erst drei Jahre zuvor auf ihre Forderung hin abgeschafften Pfundzoll wieder einführte.[22]

Wenig später regte sich von anderer Seite Widerstand gegen den Bund. Es darf nicht vergessen werden, dass sich hinter dem Begriff „Ordensstaat“ kein neuzeitliches Staatengebilde verbirgt. Der Orden selbst gebot nur über zwei Drittel Preußens, das letzte Drittel teilten sich die vier Bistümer Kulm, Pomesanien, Samland und Ermland. Nominell unterstanden sie direkt dem Papst, faktisch konnte sich der Orden über drei Bistümer einen großen Einfluss sichern, da die Domkapitel fast ausschließlich mit Ordenspriestern besetzt waren und somit auch die Bischöfe aus ihren Reihen wählten. Nur das Bistum Ermland blieb mehr oder weniger unabhängig. Aber auch hier genoss der Orden Einfluss, denn da er mit dem militärischen Schutz der Bistümer betraut war, unterstellten diese im Kriegsfall ihre Aufgebote dem Ordensheer.[23]

Diese vier Bischöfe behaupteten 1446, der Preußische Bund würde sowohl gegen das göttliche und das Naturrecht verstoßen als auch gegen die dem Deutschen Orden von Papst und Kaiser gewährten Privilegien. Sie forderten seine Auflösung, was wiederum heftige Proteste der Bundesmitglieder hervorrief. Der Hochmeister versuchte zu vermitteln und erreichte sogar eine Entschärfung der Bundessatzung.[24]

Als Konrad von Erlichshausen 1449 starb, wurde sein Vetter Ludwig zum neuen Hochmeister gewählt. Dieser

18 *Vgl.:* Czaja: *Krise der Landesherrschaft, S. 170;* Boockmann: *Der Deutsche Orden, S. 193–195.*

19 *Vgl.:* Czaja: *Krise der Landesherrschaft, S. 168–169;* Sarnowsky: *Der Deutsche Orden, S. 99–100;* Boockmann: *Der Deutsche Orden, S. 205.*

20 *Vgl.:* Sarnowsky: *Der Deutsche Orden, S. 100–101;* Boockmann: *Der Deutsche Orden, S. 187;* Ziegler: *Kreuz und Schwert, S. 177–178.*

21 *Vgl.:* Sarnowsky: *Der Deutsche Orden, S. 100–101;* Boockmann: *Der Deutsche Orden, S. 205;* Schneidereit: *Die Prussen, S. 152–155.*

22 *Vgl.:* Sarnowsky: *Der Deutsche Orden, S. 101;* Boockmann: *Der Deutsche Orden, S. 206.*

23 *Vgl.:* Boockmann: *Der Deutsche Orden, S. 182–185.*

24 *Vgl.:* Sarnowsky: *Der Deutsche Orden, S. 101.*

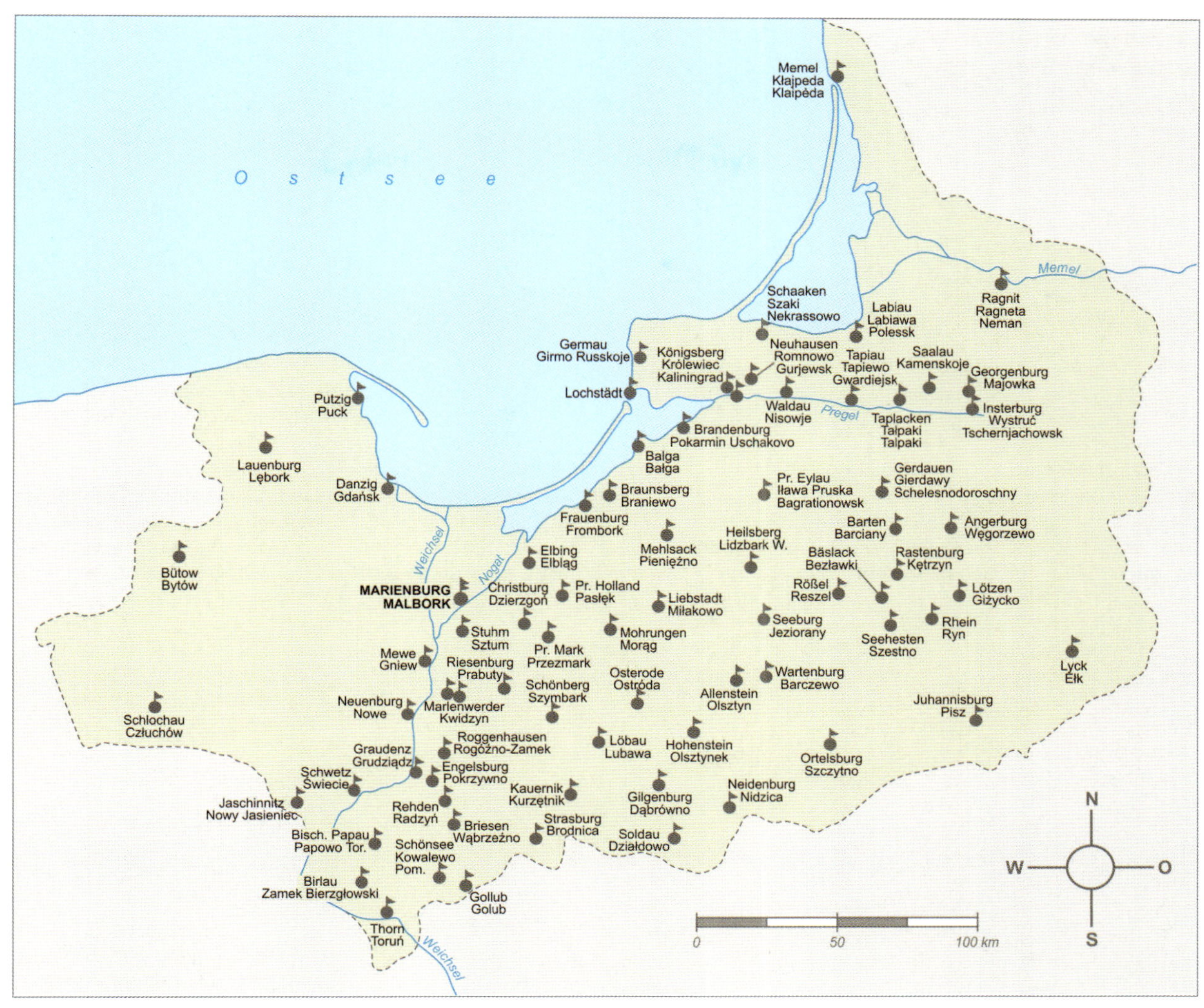

Burgen im Preußenland

war gegenüber den Ständen zu keinerlei Kompromissen bereit. Die Danziger Chroniken bezeichnen ihn als „hochmuttig und egen koppisch."[25] In Abstimmung mit der Ordensleitung bemühte sich Ludwig in oberster Instanz, beim Kaiser und beim Papst, ein Verbot des Bundes zu erwirken. Ein päpstliches Verbot kam nicht zustande, daher versuchte die Ordensleitung ab 1452, ein Schiedsgerichtsurteil durch den Kaiser zu erzielen. Friedrich III. hatte den Bund zwar bei seiner Gründung anerkannt, aber nun gelang es den Vertretern des Ordens, ihn umzustimmen. Am 1. Dezember 1453 erklärte der Kaiser den Bund für unrechtmäßig und verfügte dessen Auflösung.[26]

DER AUFSTAND DES PREUSSISCHEN BUNDES

Die Situation im Ordensland, insbesondere in den großen Städten, war nun äußerst angespannt. Der Komtur von Thorn wurde von den Bürgern der Stadt regelrecht belagert. Im Falle eines Angriffs hatte er kaum Chancen, seine Burg zu verteidigen, denn diese befand sich in einem sehr schlechten Zustand, und außerdem hatte sich das dienstpflichtige Landvolk den Bündischen angeschlossen. Ähnlich kritisch war die Lage der Ordensburg in Danzig, auf die die Bürger der Stadt bereits ihre Geschütze ausrichteten.[27]

25 *Zit.: SS. rer. Pruss., S. 427.*

26 *Vgl.:* Schneidereit: *Die Prussen, S. 155–158;* Biskup: *Orden und die Freiheit der großen Städte, S. 126–128;* Sarnowsky: *Der Deutsche Orden, S. 101–102;* Boockmann: *Der Deutsche Orden, S. 206–207.*

27 *Vgl.:* Voigt: *Geschichte Preußens, S. 354.*

Die vom Preußischen Bund 1454 eingenommenen Ordensburgen[28]

Burg	Typus	Zeitpunkt der Übergabe	Zeitpunkt der Rückeroberung / weiteres Schicksal
Thorn	Konventsburg	8. Februar 1454	zerstört
Balga	Konventsburg	Februar 1454	
Engelsburg	Konventsburg	1454	
Birglau	Konventsburg	1454	
Elbing	Konventsburg	12. Februar 1454	zerstört
Graudenz	Konventsburg	1454	
Königsberg	Konventsburg	1454	teilweise abgebrochen, 1455 vom Orden zurückerobert
Bischöflich Papau	Konventsburg	1454	teilweise zerstört; 1455 vom Orden zurückerobert, 1458 wieder vom Bund eingenommen
Roggenhausen	Konventsburg	1454	
Mewe	Konventsburg	Februar 1454	im September 1454 durch die Besatzung dem Orden zurückgegeben
Brandenburg	Konventsburg	Februar 1454	
Gollub	Konventsburg	1454	
Danzig	Konventsburg	Februar 1454	zerstört
Rehden	Konventsburg	Februar 1454	
Strasburg	Konventsburg	1454	im Herbst 1454 zurückerobert
Schlochau	Konventsburg	Februar 1454	
Schönsee	Konventsburg	Februar 1454	teilweise zerstört
Memel	Konventsburg	1454	
Osterode	Konventsburg	1454	im September von ordenstreuen Kräften zurückerobert
Ragnit	Konventsburg	Februar 1454	1455 zurückerobert
Mohrungen	Pflegersitz	Februar 1454	1461 durch Heinrich Reuß von Plauen zurückerobert
Preußisch Mark	Konventsburg	1454	im September 1454 wieder dem Orden übergeben
Barten	Vogtei	1454	durch Brand teilweise zerstört
Soldau	Pflegersitz	1454	
Rastenburg	Pflegersitz	Februar 1454	

28 Angaben nach HERRMANN: Burgen im Ordensland Preußen.

Burg	Typus	Zeitpunkt der Übergabe	Zeitpunkt der Rückerobe-rung / weiteres Schicksal
Preußisch Holland	Pflegersitz	1454	1466 an den Orden zurück-gegeben
Hohenstein	Kammeramtsitz	1454	1455 wieder zum Orden übergegangen
Preußisch Eylau	Pflegersitz	Februar 1454	im September 1454 zurück-erobert
Ortelsburg	Pflegersitz	Februar 1454	im September 1454 zurück-erobert
Seehesten	Pflegersitz	?	
Bäslack	Wildhaus	?	
Lötzen	Pflegersitz	?	beschädigt
Jaschinnitz	Pflegersitz	Februar 1454	
Gilgenburg	Pflegersitz	1454	
Angerburg	Wildhaus	?	
Johannisburg	Pflegersitz	?	1455 zerstört
Lyck	Pflegersitz	?	im Laufe des Krieges zer-stört
Lauenburg	Vogtei	1454	
Neuenburg	Stadthof	?	
Liebstadt	Kammeramtsitz	?	
Neidenburg	Pflegersitz	?	
Bütow	Pflegersitz	1454	vom Orden zurückerobert
Stuhm	Vogtei	6. August 1454	
Briesen	Sitz des Bischofs von Kulm	?	1464 durch Ordenstruppen zerstört
Marienwerder	Pomesanische Bischofsburg	1454 zum König von Polen übergetreten	
Schönberg	Burg des Bistum Pomesanien	1454	
Braunsberg	Burg des Bistum Ermland	1454	teilweise zerstört
Heilsberg	Sitz des Bischofs von Ermland	1454	
Wormditt	Kammeramtssitz des Bistums Ermland	1454	
Frauenburg	Domburg des Bistums Ermland	1454	

In Thorn versuchte der Komtur so gut es ging, die Schäden an seiner Burg auszubessern. Doch als die Bürger Wind von seinen Bemühungen erhielten, nahmen sie den Ordensleuten das Baumaterial weg. Tag für Tag trafen neue Söldner in der Stadt ein, ebenso wie in Elbing und Danzig.[29]

Am 7. Februar 1454 kehrten die Vertreter des Deutschen Ordens mit der Nachricht vom Ausgang des Schiedsgerichts nach Marienburg zurück. Gelegenheit, ihren juristischen Erfolg zu feiern, bekamen sie hier kaum. Die Bundesvertreter hatten bereits vom Urteil des Kaisers erfahren und dem Deutschen Orden am 4. Februar offiziell den Gehorsam aufgekündigt.[30]

Am gleichen Tag wurde die Burg Thorn von den Aufgeboten des Bundes umstellt. Am nächsten Tag fanden Verhandlungen zwischen dem Komtur und dem Bürgermeister Thorns statt. Der kleinen Besatzung wurde freier Abzug garantiert, aber weder Lebensmittel noch Nachrichten durften auf die Burg gebracht werden. Am 7. Februar forderte der Bund den Komtur zur Übergabe auf, was dieser jedoch ablehnte. Schließlich bat er sich einen Tag Bedenkzeit aus, als die Thorner bereits die Vorburg stürmten und niederbrannten. Schwere Geschütze beschossen die Mauern der Hauptburg bis tief in die Nacht. Ein Teil der Garnison flüchtete und der Rest beschloss am nächsten Morgen, die Burg zu übergeben. Nach langen Verhandlungen wurde nicht nur den Ordensleuten, sondern auch einigen Männern, die vom Bund abgefallen und in die Burg geflüchtet waren, freier Abzug gewährt. Die Ordensritter und -knechte mussten jedoch zusagen, weder in eine der großen Städte, noch in eine der Burgen im Kulmer Land zu ziehen. Auch durften sie ihre Waffen nicht mehr gegen den Preußischen Bund erheben. Der Hochmeister verwies sie schließlich nach Tuchel, Schlochau und in die Neumark. Die Thorner Burg wurde später von den Bundestruppen vollkommen zerstört.[31]

Auch von den Besatzungen in Danzig, Elbing und Königsberg erreichten den Hochmeister schlechte Nachrichten. Nicht nur, dass diese bereits kurz vor der Übergabe standen, die Bürger der Städte sandten bereits Geschenke an den polnischen König. Erlichshausen wandte sich nun in einem Brief an die Vertreter des Bundes. Darin sicherte er ihnen nicht nur den Bestand des Bundes zu, sondern versprach auch jährlich einen gemeinsamen Richttag zu halten. Alle weiteren Streitpunkte würden auf einem besonderen Tag (damals üblich im Sinne von „Tagung" im Sinne einer Zusammenkunft) beigelegt werden. Dafür sollten die Übergriffe auf die Ordensburgen sofort eingestellt werden. Ein gleiches Schreiben ging an die Stadt Danzig, die jedoch das Angebot sofort ausschlug. Daher forderte der Hochmeister seine Komture auf, dass sie ihrer Ritterschaft die Treue abverlangten und zum Krieg rüsten sollten.[32]

Aber die meisten Burgen wurden bereits von den Aufgeboten des Bundes belagert. Ein Großteil der Städte, wie Strasburg, Graudenz und Rehden, gingen ebenfalls zum Bund über. Nur die Garnisonen der dort gelegenen Burgen versuchten weiterhin, Widerstand zu leisten. Die Hauptleute der Bundestruppen drohten den Besatzungen jedoch mit dem Tod, sollten diese längeren Widerstand leisten. In der Mehrzahl der Fälle genügte diese Drohung, damit die Burgtore geöffnet wurden.[33]

Dem Hochmeister fehlte es an Truppen, um zumindest die wenigen ihm verbliebenen Burgen unterstützen zu können. Daher wandte er Hilfsgesuche an Herzog Erich von Pommern, die Kurfürsten von Brandenburg und Sachsen und sogar an Herzog Boleslaw von Masowien. Aus Pommern war wenig Beistand zu erwarten, da die dortigen Städte bereits große Söldneraufgebote zur Unterstützung Danzigs abgeschickt hatten.[34]

In Danzig hatten die Vertreter der Stadt den Komtur Konrad Persfelder mit einer Mischung aus militärischen Drohgebärden und geschickt platzierten Bestechungsgeldern ebenfalls zur Übergabe der Ordensburg bewegen können. Angeblich hatten Verräter innerhalb der Besatzung die Büchsen vernagelt. Persfelder und die übrigen Ordensbrüder erhielten nach der Kapitulation üppige Geldgeschenke und die Erlaubnis, noch bis zum Sommer in der Stadt zu bleiben. Der Komtur gab den Danzigern sogar den Rat, die Burg zu schleifen, was diese auch umgehend taten. Persfelder trat später aus dem Orden aus und soll angeblich geheiratet haben.[35]

Die Burg Elbing fiel ebenfalls nach tapferer Gegenwehr durch Verrat. Während der Komtur und Ordensspittler Heinrich Reuß von Plauen in Preußisch-Holland weilte, leitete der Söldnerführer Graf Adolf von Gleichen die Verteidigung der Burg. Doch der Hauskomtur trat zu den Bündischen über. Am 12. Februar 1454 musste auch von Gleichen die Waffen strecken. Vorher ließ er einen Speicher mit Getreide im Wert von 2.000 Mark in Brand stecken. Wie schon in Kulm und Danzig, so wurde auch in Elbing die Burg als Symbol der Ordensherrschaft niedergerissen.[36]

Anschließend zog ein Heer, bestehend aus den Danziger und Elbinger Stadtaufgeboten, zusammen mit geworbenen böhmischen Söldnern nach Preußisch-Holland. Die hier einquartierten Ordenstruppen unter dem Obersten Spittler waren zu schwach, um hinreichend Widerstand leisten zu können. Auch diese Burg fiel den Aufständischen in die Hände.[37]

Überall bröckelte die Ordensherrschaft. Im Gebiet der Komturei Osterode ging der lokale Adel zum Preußischen Bund über. Das ermländische Domkapitel sagte sich von seinem Bischof los. Die Besatzung der Ordensburg Königsberg ergab sich gegen Zusicherung freien Abzugs ohne Gegenwehr. Der Komtur von Preußisch-Mark flüchtete mit seiner Kasse, nachdem ihm die Bündischen angedroht hatten, ihn von den Mauern seiner Burg zu werfen, sobald sie diese eingenommen hätten. Während sich die Städte Rheden und Strasburg bereits dem

29 *Vgl.:* Ebd., *S. 357.*

30 *Vgl.:* Biskup/Labuda: *Die Geschichte des Deutschen Ordens in Preußen, S. 435–436;* Sarnowsky: *Der Deutsche Orden, S. 102–103;* Boockmann: *Der Deutsche Orden, S. 207.*

31 *Vgl.:* Voigt: *Geschichte Preußens, S. 362–363.*

32 *Vgl.:* Ebd., *S. 364–365.*

33 *Vgl.:* Ebd., *S. 365–366.*

34 *Vgl.:* Voigt: *Geschichte Preußens, S. 366–367.*

35 *Vgl.:* Hoburg: *Danzig während der Belagerung Marienburgs, S. 172–173;* Voigt: *Geschichte Preußens, S. 368–369.*

36 *Vgl.:* Ebd., *S. 369.*

37 *Vgl.:* Ebd., *S. 369.*

Bund angeschlossen hatten, konnten auch die dortigen Burgen nach kurzen Belagerungen durch die bündischen Truppen erobert werden.[38]

Aus anderen Gebieten wurden dem Hochmeister Absagebriefe der lokalen Ritterschaft übersendet. Aus Brandenburg, Balga, dem Samland und den östlichen Grenzgebieten wurde Konrad von Erlichshausen die Huldigung entsagt. Mithilfe der Überläufer fielen bis Ende Februar 1454 die Burgen Brandenburg, Balga, Eylau, Rastenburg, Ortelsburg und Mohrungen in die Hände des Bundes, während Osterode von einem kleinen Heer belagert wurde. Im Weichselgebiet hatten sich Dirschau, Mewe und Neuenburg den Bündischen angeschlossen. Außer Marienburg und dem nahe gelegenen Stuhm kontrollierte der Orden keine Burgen mehr.[39]

Die wenigen Komture, Vögte und Ritter, die dem Orden treu geblieben waren, flüchteten sich nun in das Haupthaus. Daher drängte die Elbinger Bürgerschaft auf eine schnelle Belagerung, denn es machten sich bereits Gerüchte breit, der Hochmeister wolle die Nogatdämme durchstechen, um das Umland zu fluten und die übrig gebliebenen Dörfer verbrennen, damit sich eine Belagerungsarmee nicht versorgen könne.[40]

Die einzige Chance auf Rettung für den Orden bestand darin, Hilfe von außerhalb zu erhalten. Entsprechend katastrophal wirkte sich deswegen die Nachricht aus, dass die Danziger die Burg Schlochau erobern konnten, die die Straße nach Westen sicherte. Auch hier war es während der Belagerung zu Unruhen innerhalb der Ordensbesatzung gekommen. Etliche Knechte flohen in der Nacht, die übrigen zwangen den Komtur zur Übergabe. Die Danziger gestanden ihm freien Abzug zu, woraufhin der Konvent zu der nahe der Neumark gelegenen Burg Konitz übersiedelte.[41]

HILFE AUS DEM REICH

Der Hochmeister wandte sich ein weiteres Mal an die Fürsten des Reiches sowie die Könige von Dänemark, Schweden und den Herzog von Pommern mit der Bitte um Unterstützung. Zudem forderte er den Deutschmeister Ulrich von Lentersheim dazu auf, sämtliche im Reich befindlichen Ordensritter zur Rettung der Marienburg nach Preußen zu schicken.[42]

Doch auch die Bündischen schickten Gesandte aus, die den Aufstand rechtfertigen sollten. Die Hilfe der europäischen Ritterschaft für den Orden blieb letztendlich aus. Um die Unterstützung Kurfürst Friedrichs II. von Brandenburg zu gewinnen, verpfändete der Orden bald darauf die Neumark für 40.000 Gulden. Das besserte zwar die klammen Kassen auf, militärischen Beistand gewährte Friedrich dem Orden jedoch nicht.[43]

Inzwischen waren Abgesandte des Preußischen Bundes am polnischen Hof in Krakau eingetroffen. Sie boten Kasimir IV. ihre Unterwerfung an. Am 22. Februar 1454 erklärte Polen dem Deutschen Orden den Krieg und mit einer auf den 6. März datierten Urkunde verkündete der König die Inkorporation des Ordensstaates in das Königreich Polen. Gleichzeitig bestätigte er den preußischen Ständen einen Großteil ihrer vom Orden geforderten Rechte.[44]

Derweil blockierten die bündischen Streitkräfte Marienburg. Ihr Hauptlager hatten sie bei der nahe gelegenen Burg Stuhm bezogen. Der Hochmeister wollte die dortige Garnison zur Verstärkung des Haupthauses heranziehen, allein der Kommandant weigerte sich, seinen Befehlen Folge zu leisten. Womöglich scheute er die kurze Wegstrecke, wo doch die feindliche Armee in Sichtweite seiner Burg lagerte. Es kam zu einer Reihe kleinerer Gefechte. Unter anderem gelang es der Besatzung Marienburgs am 1. April 1454, eine Abteilung der Danziger zu schlagen. Diese beklagten den Verlust von 400 Toten und Verwundeten, 300 Gefangenen sowie immerhin 14 Geschützen.[45]

Durch die Operationen in Pomesanien war das Belagerungsheer der Aufständischen Ende April bereits so stark geschwächt worden, dass sich die Besatzung der Burg auf einen Ausfall vorbereitete. Das Unternehmen wurde jedoch im letzten Moment abgebrochen, nachdem am 1. Mai Kähne mit 1.100 frischen Söldnern aus Danzig eintrafen. Eine Woche später folgten zwei weitere Kontingente aus Elbing und Königsberg von jeweils 300 Mann, sowie 1.000 Mann aus dem Samland.[46]

Ende Juni 1454 marschierte ein neues Danziger Aufgebot die Weichsel hinauf, vereinigte sich bei Dirschau mit einem kleinen polnisch-böhmischen Heer und bezog im Warnauischen Wald ein Lager. Zwei weitere gemischte Heere des Bundes hatten Marienburg eingekreist, eines bei Willenberg, das andere im Hoppenbruch nahe den Marienburger Vorstädten. Zwar war die Ordensbesatzung somit weitestgehend von der Außenwelt abgeschnitten, aber es gelang den Belagerern weder die Burg noch die Stadt, die von einem eigenen Aufgebot unter Bürgermeister Bartholomäus Blume verteidigt wurde, zu nehmen. Im Heer der Belagerer herrschte hingegen große Uneinigkeit. Die Polen wollten Burg und Stadt für sich gewinnen, was keineswegs im Interesse der Danziger lag, die böhmischen Söldner klagten über ausbleibenden Sold und drohten mit ihrem Abzug. König Kasimir erklärte sich für die Söldner des Bundes als nicht verantwortlich und verweigerte finanzielle Zuschüsse. Die preußischen Stände sahen sich daher gezwungen, selbst hohe Steuern zu erheben. Doch dies benötigte Zeit, die die Söldner dem Bund nicht gewähren wollten, woraufhin viele eigenmächtig das Lager verließen und zum Plündern auszogen.[47]

Alle Versuche, Marienburg vom Nachschub an Lebensmitteln und Wasser abzuschneiden, scheiterten, denn die Speicher der Stadt waren gut gefüllt.[48] Wesentlich kritischer sah die Lage dagegen in dem kleinen Stuhm

38 *Vgl.:* Ebd., *S. 369–370.*

39 *Vgl.:* Ebd., *S. 370–371.*

40 *Vgl.:* Ebd., *S. 371–372.*

41 *Vgl.:* Ebd., *S. 372.*

42 *Vgl.:* Ebd., *S. 372–373.*

43 *Vgl.:* Biskup/Labuda: *Die Geschichte des Deutschen Ordens in Preußen, S. 438–440.*

44 *Vgl.: SS. rer. Pruss., S. 508;* Biskup/Labuda: *Die Geschichte des Deutschen Ordens in Preußen, S. 437–438.*

45 *Vgl.:* Hoburg: *Danzig während der Belagerung Marienburgs, S. 175–177.*

46 *Vgl.:* Hoburg: *Danzig während der Belagerung Marienburgs, S. 179.*

47 *Vgl.: SS. rer. Pruss, S. 125–126;* Voigt: *Geschichte Preußens, S. 396–398.*

48 *Vgl.:* Hoburg: *Danzig während der Belagerung Marienburgs, S. 194–199.*

aus, wo die Ordensritter bald gezwungen waren, ihre eigenen Pferde zu essen. Obwohl Marienburg nur wenige Stunden entfernt lag, war es unmöglich, von dort Nachschub zu beschaffen, weil jeder Konvoi unterwegs von den Bündischen aufgerieben wurde. Schließlich sah sich die Besatzung zu Verhandlungen genötigt. Sollte der Hochmeister bis zum 8. August keinen Entsatz schicken, würde die Besatzung kapitulieren. Verträge wie diese waren im Mittelalter durchaus üblich. Sie reduzierten die Gefahr für Belagerte und Belagerer, da diese nur noch darauf zu achten hatten, Hilfe von der Burg fernzuhalten und diese nicht mehr aktiv zu Fall bringen mussten, wodurch die Kräfte der eigenen Truppen geschont werden konnten. Als der Morgen des 8. August dämmerte, ohne dass Hilfe eintraf, öffnete Stuhm den Bündischen seine Tore. Der Besatzung wurde freier Abzug nach Marienburg gewährt. Doch allein zehn Brüder hatten die Hoffnung auf einen siegreichen Ausgang des Krieges verloren und verließen Preußen, vier traten sogar mit dem Großteil der übrigen Besatzung in polnische Dienste.[49]

Nach dem Fall von Stuhm konnten die Polen und die Bündischen den Belagerungsring um Marienburg enger ziehen. Aber die Besatzung unternahm einen weiteren Ausfall. Zwischen Willenberg und dem Hoppenbruch kam es zu einem heftigen Gefecht, welches aber keine Entscheidung brachte. Ein zweiter Ausfall richtete sich gegen das Danziger Lager. Die Ordenstruppen beschossen die Verschanzungen ihrer Gegner, die sich nicht zum Angriff vorwagten. Die Belagerten requirierten Getreide und Vieh aus den nahen Dörfern und zogen sich dann in die Stadt zurück.[50]

Hatte der Kampf des Ordens seinen Charakter als Heidenmission längst verloren, so galt der Ordensstaat für Söldner immer noch als ein sehr verlässlicher, weil pünktlich zahlender Arbeitgeber. Daher war es für den Orden nach dem für ihn überraschenden Kriegsausbruch nicht schwierig, im Reich ein stattliches Heer zusammenzuziehen. Erstaunlich rasch gelang die Anwerbung von etwa 1.000 Reitern, die Heinrich Reuß von Plauen und Veit von Schönberg im März nach Konitz führten.[51]

Mit Rudolf von Sagan und Bernhard von Zinnenberg warb der Orden zwei sehr erfahrene Söldnerführer an, die nun ihrerseits Ritter aus Sachsen, Thüringen, Schlesien, Österreich, Mähren, aber vor allem auch Söldner aus Böhmen anwarben. Ende Juli 1454 versammelten sich schließlich 15.000 Mann im schlesischen Schivelbin (Swidin). Davon waren 9.000 Reiter und 6.000 Infanteristen. Die böhmischen Söldner hatten Kriegswagen mitgebracht, wie sie für die Kriegsführung der Hussiten typisch gewesen sind.[52]

Im August marschierte dieses Heer nach Preußen ab. Die Versorgung von 15.000 Mann gestaltete sich als durchaus schwierig, zumal es den Söldnern untersagt war, innerhalb der neutralen Fürstentümer entlang der Oder auf Plünderungen zu gehen. Das Heer zog zunächst nach Norden und passierte Neustettin und Hammerstein, ehe es sich einer der westlichsten Ordensburgen in Pommerellen zuwandte: Konitz.[53]

DIE SCHLACHT BEI KONITZ

Konitz war die einzige Burg westlich der Weichsel, die sich noch in der Hand des Ordens befand. Es war daher von entscheidender Wichtigkeit, hier ausreichend Nachschub für das erwartete Heer bereit zu stellen. Dem polnischen König war die Bildung des Söldnerheeres in Schlesien natürlich nicht entgangen, weswegen auch er die Burg in seine Hände bekommen wollte.[54]

Die Stadt Konitz war bei Ausbruch des Krieges wieder vom Bund abgefallen. Anfang März erreichte der Komtur von Schlochau mit der Besatzung seiner Burg die Stadt. Zu diesem Zeitpunkt war der ordensfreundliche Rat von Teilen der Stadtbevölkerung abgesetzt worden und Konitz schloss sich erneut dem Bund an. Auf Betreiben des Komturs von Schlochau erschien allerdings am 25. März das kleine Söldnerheer unter dem Großspittler Heinrich Reuß von Plauen, eroberte die Stadt und setzte den alten Rat wieder ein.[55]

Kurz darauf marschierten 2.000 Söldner des Preussischen Bundes unter Jon von der Jene vor Konitz auf, die im April durch 500 von der Stadt Danzig angeworbene Söldner und wenig später durch kleinere polnische Aufgebote verstärkt wurden, sodass bald 3.000 Mann vor Konitz lagen. Allerdings fehlte es ihnen an Belagerungsgerät, weswegen nur eine lose Blockade der Stadt aufrechterhalten werden konnte.[56]

Der Bund konzentrierte seine Aufmerksamkeit jetzt vollständig auf die Belagerung von Konitz. Deswegen zogen die Danziger auch Truppen von Marienburg ab. Als dieses Kontingent den Nogat überschreiten wollte, machte die Marienburger Besatzung einen Ausfall und errang in einem intensiven Gefecht einen Sieg. Angeblich wurden bei dieser Gelegenheit 700 Danziger erschlagen. Die Ordensknechte verfolgten die Geschlagenen bis zur Weichsel und zogen anschließend mit reicher Beute, unter der sich auch mehrere Geschütze befanden, in die sicheren Mauern der Stadt zurück.[57]

Hans von Baysen war mittlerweile vom polnischen König zum Gubernator (Statthalter) Preußens ernannt worden. Er intensivierte die Rüstungsmaßnahmen des Bundes und warb neue Söldnerkontingente an. Sein Bruder Stibor befehligte die verbliebenen Bundestruppen vor Marienburg. Die Ordensbesatzung blieb aktiv und es kam fast täglich zu bewaffneten Zusammenstößen mit den Belagerern. Aus Angst vor Verrat, wie er etliche Ordensburgen zu Fall gebracht hatte, wurden verdächtige Landflüchtlinge aus der Burg und der Stadt ausgewiesen.[58]

Die Belagerung von Marienburg wurde derweil den ganzen Sommer über fortgeführt. Die Kontingente des

49 *Vgl.:* *SS. rer. Pruss, S. 128–130;* Voigt*: Geschichte Preußens, S. 398–399;* Hoburg*: Danzig während der Belagerung Marienburgs, S. 201–202.*

50 *Vgl.:* Hoburg*: Danzig während der Belagerung Marienburgs, S. 202–203.*

51 *Vgl.:* Biskup*: Söldner in den Streitkräften des Deutschordensstaates, S. 61.*

52 *Vgl.:* Rautenberg*: Böhmische Söldner, S. 84–86.*

53 *Vgl.:* D'Amato*: The Battle of Konitz, S. 18.*

54 *Vgl.:* Ebd.*, S. 18.*

55 *Vgl.:* Malotka: Schlacht vor Konitz, S. 405.

56 *Vgl.:* D'Amato*: The Battle of Konitz, S. 18–19;* Malotka: Schlacht vor Konitz, S. 405–406.

57 *Vgl.:* Voigt*: Geschichte Preußens, S. 383.*

58 *Vgl.:* Ebd.*, S. 383–384.*

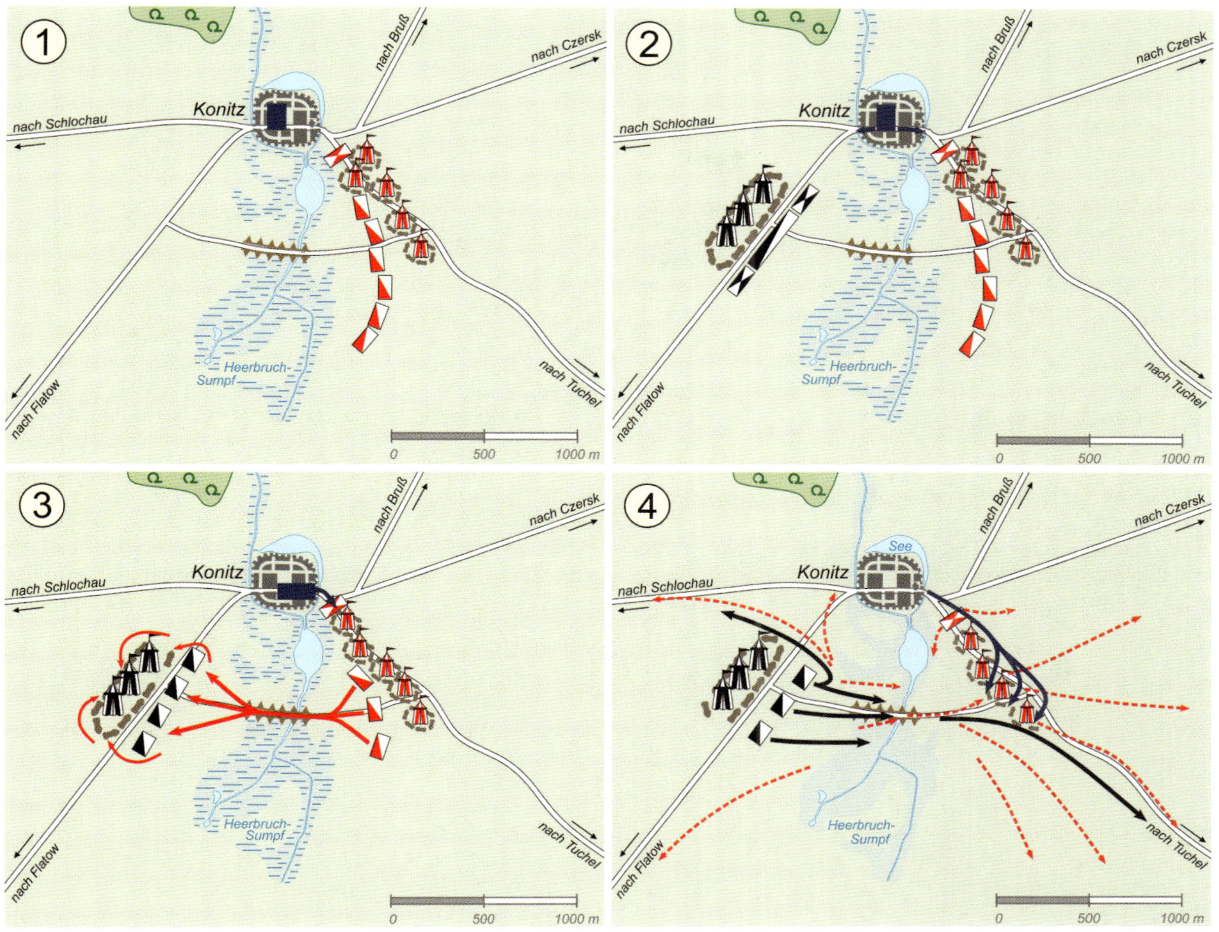

Die Schlacht bei Konitz

Bundes litten allerdings an Nachschubschwierigkeiten, da die Dörfer des Umlandes bereits ausgesogen waren und viele Bauern wegen der andauernden Plünderungen ihre Gehöfte verlassen hatten.[59]

Die Besatzung von Konitz hielt in der Erwartung eines bald aus dem Reich anmarschierenden Entsatzheeres tapfer aus. Immer wieder unternahm sie Ausfälle und untergrub somit die Moral des bündischen Belagerungsheeres. Der Komtur von Schlochau, der die Verteidigung leitete, wurde bei einem der unzähligen Scharmützel tödlich verwundet. Aber Hilfe war bereits nahe. In Küstrin standen etwa 2.000 Reisige unter dem Befehl des böhmischen Söldnerführers Bernhard von Zinnenberg, dem der Hochmeister den Befehl erteilte, zum Entsatz der Belagerten herzueilen.[60]

König Kasimir von Polen versammelte derweil sein Heer in Cerekwica, das nur einen Tagesmarsch von der belagerten Burg Konitz entfernt lag. Am 9. September war er selbst von Thorn nach Cerekwica aufgebrochen. Sehr zu seiner Überraschung wurde der König hier von seinen Rittern mit Forderungen konfrontiert, die denen des Preußischen Bundes gegenüber dem Orden nicht unähnlich waren. Fragen der Besteuerung und der politischen Rechte des polnischen Adels waren dominierende Themen. Anstatt sein Heer auf die Schlacht vorzubereiten, versank Kasimir in politischen Debatten, die schließlich in der Unterzeichnung der Privilegien von Cerekwica am 14. September 1454 mündeten. Zwei Tage später wurde die Armee nach Konitz verlegt, wo sie im Laufe des 17. September eintraf.[61]

Kasimir wollte einen Entsatz der Stadt durch das Heer Rudolfs von Sagan und Bernhards von Zinnenberg unbedingt verhindern. Sein Kriegsrat war diesbezüglich durchaus geteilter Meinung. Während Kardinal Zbigniew darauf drängte, 5.000 noch in Großpolen wartende Ritter zum Heer zu ziehen, waren der Reichskanzler Koniecpolski, Graf Lukas von Górka, Stanislaw Ostroróg und Nikolaus Czerlinski überzeugt, dass die Stärke des Heeres für den bevorstehenden Kampf absolut ausreichte. Der

59 *Vgl.:* Ebd., *S. 387–388.*

60 *Vgl.:* Rautenberg: *Böhmische Söldner, S. 85;* Voigt: *Geschichte Preußens, S. 388–389, 400.*

61 *Vgl.:* D'Amato: *The Battle of Konitz, S. 19;* Malotka: Schlacht vor Konitz, S. 406–408.

König ignorierte auch die Warnungen seiner böhmischen Söldnerführer, die ihm dazu rieten, das Entsatzheer zunächst nach Konitz ziehen zu lassen, um es dann dort einzuschließen und auszuhungern. Der König wollte es noch auf dem Marsch angreifen. Kasimir teilte sein Heer daher in sieben Gruppen. Die Masse seiner Ritter konzentrierte er auf der Straße nach Schlochau, an den Ufern eines Sees, der die Stadt weitläufig umfasste. Die Polen versuchten nun auch das andere Ufer zu besetzen, um das Entsatzheer zu zwingen, auf einem schmalen Knüppeldamm vorzurücken, der mitten durch den See führte. In diesem Fall wäre es äußerst verwundbar. Allerdings hatten die polnischen Söldner erhebliche Probleme, ihre Wagen auf das andere Ufer zu überführen. Kasimir plante, den Gegner nur mit seiner schweren Reiterei anzugreifen, was immer noch einer traditionell-ritterlichen Haltung zum Krieg entsprach. Sein Fußvolk und auch seine Artillerie waren überhaupt nicht in den Schlachtplan einbezogen.[62]

König Kasimir IV. von Polen
(Holzschnitt, 15. Jahrhundert).

Rudolf von Sagan und Bernhard von Zinnenberg hatten inzwischen mit ihrem Heer das Umland von Konitz erreicht. Die beiden Feldherren konnten im Schutze der Nacht den Belagerungsring durchbrechen und trafen sich mit Heinrich Reuß von Plauen in der Stadt. Obwohl sie beide eine Feldschlacht vermeiden wollten, konnte der Großspittler sie davon überzeugen, dass diese notwendig war, um Konitz zu entsetzen.[63]

Am folgenden Morgen, dem 18. September 1454, setzte sich das Entsatzheer in Bewegung. Dichte Wälder mussten durchquert werden, was besonders den Vormarsch der Kriegswagen behinderte, mit denen das Heer vor überraschenden Kavallerieangriffen gesichert werden sollte. Am Rande des Waldes, den die Polen nicht abgeriegelt hatten, sammelte sich das Heer und entfaltete sich zur Schlacht. Das Fußvolk suchte Schutz in einer im Zentrum gebildeten Wagenburg, die von der Reiterei an beiden Flügeln flankiert wurde. Bernhard von Zinnenberg hatte das Schlachtfeld am Vortag inspiziert und sich auch einen Eindruck vom Zustand des polnischen Heeres verschafft. Er wollte daher den Angriff des Gegners abwarten. Um die eigene Stellung weiter zu stärken, wurde vor der Wagenburg noch ein Graben ausgehoben.[64]

Als die Nachricht vom Vormarsch des Entsatzheeres das polnische Lager erreichte, befahl Kasimir, seine Kavallerie zum Angriff zu formieren. Eine kleine Gruppe des Heeres sollte Konitz weiterhin blockieren, von dessen Besatzung der König keinen Ausfall erwartete. Die übrigen sechs Gruppen marschierten hintereinander gestaffelt auf die Stellungen der Ordensarmee zu. Diese tiefe Staffelung wurde durch die schwierigen, sumpfigen Geländeverhältnisse erzwungen, verhinderte aber einen optimalen Einsatz der polnischen Kräfte. Überdies brauchten die polnischen Ritter bis zum Nachmittag, ehe sie kampfbereit waren. Der polnische Söldnerhauptmann Wojciech Kostka bat um die Erlaubnis, mit der leichten Reiterei zunächst die Stellungen des Gegners zu erkunden und diesen womöglich zum Angriff zu provozieren. Dafür hätten seine Reiter allerdings in der vordersten Linie postiert werden müssen. Dagegen protestierten die hochadligen polnischen Ritter, die die Ehre des ersten Angriffs für sich in Anspruch nahmen.[65]

Bevor der König überhaupt eine Entscheidung treffen konnte, hatte sich die erste Schlachtlinie auf Befehl des Grafen von Górka bereits in Marsch gesetzt. Kasimir verlor so bereits in den Anfangsminuten der Schlacht die Kontrolle über sein Heer. Nur die Söldnerreiterei und seine Leibwache hielten sich noch zurück. Als er bemerkte, dass das Entsatzheer stoisch in seinen Stellungen verharrte, gab er auch der übrigen Reiterei den Befehl zum Vormarsch. Die polnischen Ritter stimmten das Lied „Jungfrau Maria" an und stürzten nach vorn. Nach einem kurzen Bolzenaustausch der berittenen Armbrustschützen, krachte die schwere polnische Reiterei in die Stellungen des Gegners. Dem gewaltigen Ansturm konnten die Ordenssöldner nicht standhalten. Die Polen drängten die zahlenmäßig weit unterlegene Reiterei des Gegners zurück. Herzog Rudolf wurde gleich zu Beginn der Schlacht getötet, Bernhard von Zinnenberg gefangen genommen. Die Formation der Ordenssöldner drohte auseinanderzubrechen. Etliche Reiter flohen, entweder nach Konitz oder in die sichere Wagenburg beim Fußvolk.[66]

Die polnischen Ritter verfielen nun bereits in einen Siegestaumel und versuchten, den Moment der Schlacht auszunutzen. Auch ihre Reihen waren durch die harten Nahkämpfe in Unordnung geraten. Dennoch griffen sie

62 *Vgl.:* D'Amato: *The Battle of Konitz, S. 19;* Malotka: Schlacht vor Konitz, S. 409.

63 *Vgl.:* Rautenberg*: Böhmische Söldner, S. 88;* D'Amato: *The Battle of Konitz, S. 19.*

64 *Vgl.:* D'Amato: *The Battle of Konitz, S. 19–20.*

65 *Vgl.:* Ebd.*, S. 20;* Malotka: Schlacht vor Konitz, S. 410.

66 *Vgl.:* D'Amato: *The Battle of Konitz, S. 20;* Malotka: Schlacht vor Konitz, S. 410–411.

die Wagenburg an, ohne dass die einzelnen Befehlshaber noch Zugriff auf ihre Gruppen besaßen. Aber die kompakten Reitermassen boten den Kanonieren und Armbrustschützen in den Kriegswagen willkommene Ziele. Im heftigen Abwehrfeuer des Söldnerfußvolks wurden etliche polnische Sättel geleert, während es nicht einem einzigen Ritter gelang, in die Wagenburg einzudringen.[67]

Inzwischen hatten sich etwa 3.000 Söldnerreiter wieder unter ihren Bannern versammelt und trugen einen Gegenangriff auf die Polen vor. Da diese ihre Ordnung noch nicht wiedergefunden hatten, brach Panik aus. Die Kreuzritter drängten nun ihrerseits die Polen in ihr Lager zurück. Zwar gelang es Teilen der polnischen Reiterei, den Vorstoß der Söldner durch Angriffe in deren Flanke zum Stehen zu bringen, doch dann tauchten neue Ordensreiter auf dem Schlachtfeld auf.[68]

Von Konitz aus hatte Heinrich Reuß von Plauen den Vorstoß der Söldner beobachtet und mit etwa 200 Rittern einen Ausfall unternommen. Zwar wurde die Burg immer noch durch mehrere Hundert Mann blockiert, aber diese waren undiszipliniert und unerfahren. Da er nicht mit einem Ausfall rechnete, hatte Kasimir hier seine unzuverlässigsten Soldaten positioniert. Nach dem zunächst erfolgreichen Beginn der Schlacht hatten zudem etliche polnische Ritter das Kampffeld verlassen und waren mit erbeuteten Fahnen und Gefangenen in das Lager zurückgekehrt. Viele Soldaten des Blockadekorps strömten nun ebenfalls dorthin, um einen Blick auf die vermeintlichen Sieger zu erhaschen. Als der Großspittler seinen Angriff vortrug, flohen die verbliebenen Fußtruppen, ohne ihm überhaupt Widerstand entgegenzubringen. Sie verbreiteten Panik im polnischen Lager. Die Diener, Knechte und Wagenlenker des Heeres versuchten, den heranpreschenden Rittern zu entkommen, die polnischen Ritter ihre Beute zu retten. Pferde rissen sich los und vergrößerten das Chaos. Als Heinrich erkannte, dass sein Angriff Erfolg hatte, zog er sich zurück, weil er befürchtete, von überlegenen polnischen Verbänden der hinteren Schlachtreihen attackiert zu werden.[69]

Diese Furcht erwies sich jedoch als unbegründet, denn als die immer noch im Kampf um die Wagenburg verstrickten polnischen Ritter sahen, dass ihr Lager in Flammen aufging, machte sich unter ihnen Panik breit. Sie strömten nun zu dem Knüppeldamm zurück, der durch den See zum Lager führte. Nur eine Abteilung unter Stanislaus Ostroroga fand einen anderen Fluchtweg und zog sich auf Tuchel zurück. König Kasimir und einige seiner Feldherren hatten inzwischen den erfahrenen Teil des Heeres wieder versammelt, standen nun aber der panischen Masse im Weg, die auf den Damm zueilte. Die Reiterei des Entsatzheeres trug einen neuen Angriff vor. Bernhard von Zinnenberg wurde befreit, der Ritter, der ihn gefangen genommen hatte, erschlagen. Die Söldnerreiterei drängte die Polen nun an den sumpfigen Ufern des Sees zusammen. Selbst die polnische Leibwache, die nach wie vor heftigen Widerstand leistete, wurde auseinandergesprengt. Dabei geriet Kasimir in große Gefahr, gefangen genommen oder getötet zu werden. Eine letzte Gruppe Ritter brachte ihn schließlich in das polnische Lager.[70]

Die letzte Phase der Schlacht bestand aus einem wilden Gemetzel, als die Ordenssöldner einen Großteil der Polen, die den Damm nicht erreicht hatten und sich an den Ufern des Sees zusammendrängten, niedermachten. Kasimir hoffte, die Schlacht am anderen Ufer fortsetzen und seinen ursprünglichen Plan wieder aufnehmen zu können. Doch seine Armee brach vollständig auseinander. Ritter und Bauernaufgebote flohen aus dem Lager und ließen sogar die Wagen zurück. Zwar hielt der König den Vorstoß der Kreuzritter über den Damm noch eine Weile auf und erlaubte so zumindest einem Teil seines Heeres, sich zu retten, aber schließlich wurde der Druck der Angreifer zu groß, zumal auch Heinrich Reuß von Plauen mit seiner Reiterei wieder in das Lager eindrang. Die disziplinierte Söldnerreiterei des Entsatzheeres hielt sich nicht mit dem Plündern des polnischen Lagers auf, sondern verfolgte ihren Gegner weiter. Etwa vier bis fünf Kilometer vom Schlachtfeld entfernt hatte sich die Masse der Fliehenden gestaut, weil die Straße in einen dichten Wald eindrang, der für Pferde und Wagen unpassierbar war. An diesem Engpass herrschte absolutes Chaos, das sich bald vergrößerte, als die Söldner die Polen einholten und das Gemetzel fortführten. Etliche polnische Ritter gaben ihre Pferde verloren und flohen ins dichte Unterholz. Der König entkam mit knapper Mühe und Not. Die Söldnerreiterei setzte die Verfolgung sogar noch am nächsten Tag fort.[71]

Die Niederlage der Polen war verheerend. Mehr als 3.000 Ritter, unter ihnen der Vizekanzler Piotr Szczekoczynski und Nikolaus Morski, der Fahnenträger von Sandomierz, waren getötet worden, 339 gerieten in Gefangenschaft, darunter Graf Lukas von Górka, Nikolaus Czerlinski, Jon von der Jene, Jan und Felix Tarnowski und Aegidius Suchodolski. Darüber hinaus fielen den Kreuzrittern sechzehn Geschütze, das kostbare Zelt des Königs mit seinem goldenen und silbernen Geschirr, Hunderte wertvoller Pferde, 400 Wagen, aber angeblich nur zwei Fahnen – darunter jedoch das polnische Reichsbanner – in die Hände.[72] Der Danziger Chronist Johannes Lindau urteilte scharf: *„Disse nidderlogge und gros schaden geschach dem hern konige von vorseumnisse wegen seines eigenen volckes.“*[73] Die Schlacht von Konitz stellte einen enormen moralischen Erfolg für den Orden dar. Doch schon bald sollten die Söldner, die ihn errungen hatten, einen hohen Preis dafür fordern.

67 *Vgl.:* RAUTENBERG*: Böhmische Söldner, S. 89–90;* D'AMATO: *The Battle of Konitz, S. 20.*

68 *Vgl.:* D'AMATO: *The Battle of Konitz, S. 20.*

69 *Vgl.:* RAUTENBERG*: Böhmische Söldner,* S. 90; D'AMATO: *The Battle of Konitz, S. 20–21.*

70 *Vgl.:* D'AMATO: *The Battle of Konitz, S. 21;* MALOTKA: Schlacht vor Konitz, S. 411–412.

71 *Vgl.:* RAUTENBERG*: Böhmische Söldner, S. 90;* D'AMATO: *The Battle of Konitz, S. 21.*

72 *Vgl.:* D'AMATO: *The Battle of Konitz, S. 21;* MALOTKA: Schlacht vor Konitz, S. 412.

73 *Zit.: SS. rer. Pruss., S. 510.*

DER VERKAUF DER MARIENBURG

Nach ihrem Sieg bei Konitz zogen die Ordenssöldner nach Preußen und eroberten einen großen Teil der Ordensburgen und -städte zurück. Sogar ein Teil der bündischen Söldner lief nun zu ihnen über, wie etwa Graf Hans von Hohenstein, der nach der Entsetzung der Marienburg mit 66 Reitern in das Lager der Sieger übertrat.[74]

So schnell und unbedrängt, wie viele Ordensburgen und -städte sich dem Preußischen Bund ergeben hatten, öffneten sie nun den Brüdern wieder ihre Tore. Stuhm, Preußisch Mark, Saalfeld, Liebmühl und das erst kurz zuvor gefallene Osterode gingen wieder in die Hand des Ordens über. Besonders in Osterode, das sich dem Bund lang widersetzt hatte, sammelten sich nun die Anhänger des Ordens zu einem kleinen Heer. Auch die Stadt und die Garnison der Burg Mewe huldigten dem Hochmeister wieder. Bald folgten die Städte Christburg, Preußisch Eylau, Neumark, Hohenstein, Marienwerder, Bischofswerder, Freistadt, Lessen und Riesenburg sowie die Burg Schönburg. Der Komtur von Strasburg, der seine Burg noch immer tapfer verteidigte, wies jede Aufforderung zur Kapitulation seitens der Bündischen weiterhin kategorisch ab. Dennoch gelang es den Belagerern, die überwiegend aus dem Thorner Stadtaufgebot bestanden, zumindest die Burg einzunehmen. Die Stadt Strasburg hielt weiterhin aus. Die Bischöfe von Pomesanien und Samland lösten sich vom Bund und traten wieder an die Seite des Hochmeisters. Das alles waren beachtliche Erfolge, sie wirkten sich aber nicht entscheidend aus. Die großen preußischen Städte Danzig, Thorn und Elbing blieben standhaft. Sie hatten symbolträchtig mit der Ordensherrschaft gebrochen, indem sie die nahe den Städten gelegenen Burgen zerstörten. Aber auch diese drei wirtschaftlich starken Gemeinden hatten große Probleme, Kapital zur Fortsetzung des Krieges aufzubringen. Inzwischen überschritt das siegreiche Ordenssöldnerheer die Weichsel und belagerte Dirschau, dessen kleine Danziger Besatzung sich nach kurzer Zeit ergab.[75]

Das Ziel des Heeres war die rasche Entsetzung Marienburgs. Das Ordensheer wartete westlich der Weichsel noch auf weitere Verstärkung. 6.000 Mann unter Graf Johann von Montfort und Pfannenberg befanden sich im Anmarsch aus dem Reich. Die ungeduldigen Söldner schwärmten aus und verwüsteten das Land in großem Umkreis. Einige Abteilungen drangen bis an die Mauern von Danzig vor. Doch als das Heer die Marienburg erreichte, mussten die Söldner zu ihrer Enttäuschung feststellen, dass der seinerseits bereits legendäre Ordensschatz, aus dessen Truhen sie bezahlt werden sollten, nicht existierte. Hochmeister Ludwig von Erlichshausen war den ganzen Sommer über nicht in der Lage gewesen, aus den rebellierenden Städten Abgaben einzuziehen und verfügte nun über keinerlei Mittel, um seine Soldaten zu entlohnen. Daher übertrug der Orden den Söldnern am 9. Oktober 1454 das Preußenland als Pfand. Die wichtigsten Unterzeichner auf Seiten der Söldner waren Graf Adolf von Gleichen, Graf Johann von Montfort, Bernhard von Zinnenberg, Graf Hans von Hohnstein, Heinrich Reuß von Plauen d. J. und Veit von Schönburg, also insbesondere mitteldeutsche Adlige.[76]

Der Vertrag wies inhaltlich große Lücken auf und enthielt keine Bestimmungen zur wirtschaftlichen Nutzung des Pfands oder zu einem möglichen Pfandverkauf. Die Zahlungsfrist wurde zunächst auf den 6. Februar 1455 festgesetzt, später auf den 23. April 1455 hinausgeschoben.[77]

In dieser Zeit sollten die Söldner, etwa 7.000 Mann, durch den Orden verpflegt werden. Ein Recht auf die Eintreibung von Zinsleistungen auf die verpfändeten Güter war ihnen nicht eingeräumt worden. Der Orden benötigte diese Zinsen (Steuern) ja selbst, um seine Schulden abzutragen. Bald machten sich daher Spaltungen innerhalb der Söldnergemeinschaft bemerkbar. Während die in Ostpreußen unter Herzog Balthasar von Sagan einquartierten Söldner den Kampf gegen den Preußischen Bund fortführten und die Wirtschaftsführung der Ordenskomtureien nicht behinderten, kam der Krieg im westlichen Preußen zum Erliegen. Der Hochmeister, aber auch die wichtigsten Söldnerführer gingen einer neuen Feldschlacht mit dem polnisch-bündischen Heer aus dem Weg. Warum die Söldner den Kampf mieden, lässt sich heute nicht mehr sicher ermitteln. Womöglich scheuten sie das Risiko einer bewaffneten Auseinandersetzung, solange die Soldfrage nicht geklärt war. Damit kam der Krieg allerdings nicht vollständig zum Stillstand. Sowohl die polnisch-bündischen als auch die Ordenssöldner verlegten sich auf einen für das Land schädlichen Wirtschafts- und Raubkrieg.[78]

Um die Söldner adäquat zu versorgen, war der Hochmeister auf die Hilfe der Städte angewiesen. Daher wurde die Wagenburg und ein Teil der schweren Geschütze des Heeres nach Preußisch Holland und Mohrungen geschickt, um diese Orte zu besetzen und als mögliche Winterquartiere zu gewinnen. Aber die Jahreszeit war bereits zu weit vorangeschritten und beide Städte widersetzten sich den Belagerern hartnäckig.[79]

Trotz des großen Geldmangels plante Erlichshausen sogar, weitere Söldner anzuwerben. Noch immer hoffte er, einen der großen Reichsfürsten zu gewinnen, etwa

74 *Vgl.:* Rautenberg: *Der Verkauf der Marienburg 1454–1457, S. 120–121;* Biskup: *Söldner in den Streitkräften des Deutschordensstaates, S. 61.*

75 *Vgl.:* Voigt: *Geschichte Preußens, S. 407–409; SS. rer. Pruss., S. 511–512.*

76 *Vgl.:* Rautenberg: *Der Verkauf der Marienburg 1454–1457, S. 120–121;* Biskup: *Söldner in den Streitkräften des Deutschordensstaates, S. 61;* Hoburg: *Danzig während der Belagerung Marienburgs, S. 202–203.*

77 *Vgl.:* Rautenberg: *Der Verkauf der Marienburg 1454–1457, S. 121–122.*

78 *Vgl.:* Ebd., *S. 123.*

79 *Vgl.:* Voigt: *Geschichte Preußens, S. 414.*

Kleine, transportable Kanonen, sogenannte Taraßbüchsen, konnten im Dreizehnjährigen Krieg auf vielfältige Weise eingesetzt werden. Normalerweise dienten sie zur Armierung von Burgen, während Belagerer schwere Kanonen (Bombarden) verwendeten. Die böhmischen Söldner nutzten leichte Geschütze auch für Feldschlachten, allerdings nicht mehr so intensiv wie zur Zeit der Hussitenkriege.

Herzog Wilhelm den Tapferen von Sachsen, dessen Bruder, den sächsischen Kurfürsten oder Balthasar von Sagan, den Bruder des bei Konitz gefallenen Herzogs Rudolf. Während die sächsischen Herzöge ablehnten, zog Balthasar noch im selben Jahr mit einer neuen Söldnerschaar nach Preußen. Allerdings hatte ihm der Orden für seine Rüstungen gerade einmal 2.000 Gulden vorschießen können.[80]

Nur in Südpommerellen blieben die Söldner aktiv. Unter dem Befehl des Hauptmanns von Konitz, Kaspar Nostitz, wurden einige Städte und Burgen zurückerobert. Nostitz stieß sogar bis in den Norden von Großpolen vor, vermied aber ebenfalls einen Zusammenstoß mit der polnischen Armee, die bei Lessen ihr Lager bezogen hatte. Dafür gelang im November die Rückeroberung der Burg Memel.[81]

Kasimir von Polen hatte inzwischen ein neues Heer aufgestellt und bei Thorn ein Lager bezogen. Er scheute einen weiteren Vormarsch. Der Krieg im Preußenland blieb gekennzeichnet von den Streifzügen kleiner Söldnertrupps. In Marienwerder stand Hans von Gleichen mit einem Söldnerhaufen bündischen Truppen gegenüber, die in der Nähe von Garnsee operierten. Georg von Schlieben zog nach Osterode, wo er sich böhmischen Söldnern aus Eylau gegenübersah.[82]

Im November fiel Kasimir mit 16.000 Mann ins Kulmer Land ein. Sein Ziel war Rheden, doch schon vor der kleinen Stadt Lessen blieb das Heer stehen. Der Orden wollte den weiteren Vormarsch der Polen durch eine Strategie der verbrannten Erde aufhalten. Kasimir, der noch immer kein Vertrauen in seine neuen Truppen hatte, zögerte eine ernsthafte Auseinandersetzung hinaus. Aber auch der Hochmeister verlor zunehmend die Kontrolle über seine Söldner.[83]

Der Krieg richtete sich auf beiden Seiten nicht nur gegen Besitzungen des Gegners. Sowohl der Orden als auch der Bund hatten vermehrt Schwierigkeiten, ihre Söldner zu entlohnen. Die Ordenssöldner hatten bisher nur ein kleines Handgeld als Entschädigung für die Mühen ihrer Anreise erhalten. Auf der Marienburg häuften sich bald die Klagen, dass die angeworbenen Soldaten ihre Quartierwirte und Schmiede nicht mehr bezahlten. Der Hochmeister versuchte, dem entgegenzuwirken, indem er die einzelnen Kontingente weiträumig verteilte. Einige Ordenskomtureien waren allerdings durch die kriegerischen Ereignisse des vorangegangenen Sommers ausgeplündert, ihre Vorräte an Getreide und Pferdefutter arg zusammengeschmolzen. In dieser Situation zeigte es sich, dass die Söldner keine homogene, solidarische Gemeinschaft bildeten. Die Führer, deren Truppen in den wohlhabenderen Gebieten einquartiert waren, weigerten sich, Vorräte an benachteiligte Kameraden abzugeben.[84]

Dies führte innerhalb kurzer Zeit zu wachsender Not innerhalb der Söldnerverbände. Um nicht zu verhungern oder ihre Pferde krepieren zu lassen, begannen die Söldner auf eigene Faust, Lebensmittel in den preußischen Dörfern zu requirieren. Damit setzte sich eine wirtschaftliche Abwärtsspirale in Gang. Die Bauern verarmten zusehends, während die Not der Söldner nur kurzzeitig gelindert wurde. Angeblich waren einige bald gezwungen, ihre eigenen Pferde zu verzehren.[85]

König Kasimir war noch im Dezember 1454 bis nach Rheden vorgerückt und hatte nur einen kleinen Teil seiner Truppen vor Lessen zurückgelassen. Da das Kulmerland bereits weitestgehend ausgesogen war, war es unmöglich, die Armee über längere Zeit an einem Punkt zu vereinen, weswegen sie ebenfalls weiträumig über das Land verteilt wurde. Immer wieder kam es zu blutigen Scharmützeln, die kaum Einfluss auf das weitere Kriegsgeschehen hatten. Vor Marienwerder griff der Ordenshauptmann Martin Frodnacher einen bündischen Haufen an und machte allein 140 Gefangene. Auch vor Lessen unternahm die Besatzung immer wieder Ausfälle, wenn sie einen Schwachpunkt bei den Polen ausmachen konnten. Der Hochmeister interpretierte das zögerliche Verhalten des polnischen Königs als Kriegsmüdigkeit und nahm neue Friedensverhandlungen auf, die jedoch erfolglos blieben. Aber auch Kasimir stand unter großem politischen Druck. Aus Danzig blieben die Hilfsgelder zur Bezahlung seiner Söldner aus, der Papst forderte das Ende des Krieges und von Konitz aus bedrohte ein Ordensheer Nordpolen. Dies und der einsetzende strenge Winter führten dazu, dass er seinen Feldzug abbrach.[86]

Der Preußische Bund war ähnlichen Problemen wie der Orden entgegengetreten, als er seinen Söldnern die Zins- und Schwarwerknutzung in den von ihnen eroberten Landesteilen erlaubte. Motiviert durch dieses Vorbild und ihre angespannte Versorgungslage gingen auch die Söldner des Ordens bald dazu über, sich solche Rechte anzueignen, obwohl sie vom Hochmeister nicht dazu legitimiert waren. Zwar verstießen sie damit gegen die Bestimmungen des Pfandvertrages, aber die Hauptleute wollten diese Zinseintreibungen dennoch nicht als Abtragung der Ordensschuld akzeptieren, sondern lediglich als Einhaltung der versprochenen Proviantgrundlage.[87]

Nach dem Abzug des polnischen Heeres unternahm der Hochmeister mit etwa 1.400 Söldnern einen Vorstoß nach Danzig. Mit diesem Streifzug wollte er zum einen Zinsen aus den wohlhabenden Städten Westpreußens eintreiben und zum anderen die wichtigste Stadt des Bundes in Bedrängnis bringen. Er hoffte sogar, Danzig zu bezwingen, ließ den Damm der Radaune durchstechen und versuchte somit, die Stadt von ihrer Wasserversorgung abzuschneiden. Die Danziger brannten bereits ihre Vorstädte ab, um sich auf eine Belagerung vorzubereiten. Der Hochmeister drang mit seinen Reisigen in die noch nicht vollständig abgetragene Jungstadt vor. Hier trugen die Danziger mit allen ihnen zur Verfügung stehenden Kräften einen Ausfall vor. Es kam zu einem vierstündigen

80 *Vgl.:* Ebd., *S. 414–415, 419.*

81 *Vgl.:* Biskup: *Söldner in den Streitkräften des Deutschordensstaates, S. 64.*

82 *Vgl.:* Voigt: *Geschichte Preußens, S. 416–419.*

83 *Vgl.:* Ebd., *S. 419–420.*

84 *Vgl.:* Rautenberg: *Der Verkauf der Marienburg 1454–1457, S. 123.*

85 *Vgl.:* Ebd., *S. 124.*

86 *Vgl.:* Voigt: *Geschichte Preußens, S. 424–427.*

87 *Vgl.:* Rautenberg: *Der Verkauf der Marienburg 1454–1457, S. 124–125;* Tresp: *Söldner aus Böhmen, S. 54.*

Kampf, der den Orden 600 Tote und Verwundete kostete. Schließlich gab sich Erlichshausen geschlagen und zog sein kleines Heer nach Dirschau zurück.[88]

In dieser Zeit wandten sich erste Söldnerführer, namentlich Ulrich Czerwenka von Ledec gegen den Orden. Czerwenka war von Bernhard von Zinnenberg zu seinem Stellvertreter gewählt worden, da der Sieger von Konitz sich freiwillig in Gefangenschaft nach Thorn begab. Zinnenberg war in der Schlacht bei Konitz gefangen genommen und erst später wieder befreit worden, hatte aber bereits sein Ehrenwort als Ritter gegeben. Czerwenka verzögerte nun bewusst Zinnenbergs Austausch. Als die Polen für seine Auslieferung die Freilassung dreier eigener Hauptleute forderten, behielt Czerwenka einen, der sich in seinem persönlichen Gewahrsam befand, absichtlich zurück. Gleichzeitig trat er bereits ab Februar 1455 in geheime Verhandlungen, die den Verkauf Preußens an den Bund bezweckten.[89]

Der Hochmeister erkannte inzwischen, dass er den ersten Pfandtermin, den 28. Januar 1455, nicht würde einhalten können. Anscheinend hatte er bereits Nachrichten über die Verkaufsabsichten seiner Söldner, denn er versuchte nun, ihnen Pfänder aus seinen eigenen Kammerballeien im Reich zu übertragen. Heinrich Reuß und Veit von Plauen erhielten Schuldsummen auf die Ballei Elsass, Johann von Wartenberg auf Blankenstein Teile der böhmischen Kommende Kommotau und der böhmische Ritter Achaz Bohunco das Haus Sonntag in der Steiermark. Dies rief jedoch den Widerstand der lokalen Komture und auch des Deutschmeisters hervor. Zwar standen die Kammerballeien dem Hochmeister zur freien Verfügung, dennoch gelang es ihnen, die Schuldverschreibungen für nichtig zu erklären, wodurch sich die Situation Ludwigs von Erlichshausen weiter verkomplizierte.[90] Der Deutschmeister machte allen Ernstes sogar den Vorschlag, die Söldner zum Verzicht auf ihre Forderungen zu bewegen und zu bitten, lediglich aus Liebe zu Gott, der Jungfrau Maria und um der eigenen Ehre willen den Kampf zum Wohl des Ordens fortzuführen.[91] Hinter dieser Idee verbarg sich noch der alte Kreuzzugsgedanke, über den die Zeiten allerdings längst hinweggegangen waren.

Nachdem auch der Pfandtermin im April verstrichen war, ohne dass der Orden seine Schulden begleichen konnte, besetzten böhmische Söldner am 2. Mai 1455 die Tore der Marienburg und kurz darauf auch von Dirschau und Eylau. Damit übernahmen die Söldner nun formal die Herrschaftsausübung in den von ihnen besetzten Gebieten. Ihren Anspruch auf Eintreibung der Zinsgelder setzten sie zur Not mit Gewalt durch. Verweigerte ein Bauer die Zahlung, wurde ihm zunächst eine Frist, meist von acht Tagen, gesetzt. Danach drohte ihm die Brandschatzung.[92]

Obwohl der Bund bereits Verhandlungen mit Söldnerführern, wie Czerwenka, über die Auslösung der

Schlacht bei Nancy
(Luzerner Chronik, Diebold Schilling d. J.). Auf dem oberen rechten Bildrand ist der Einsatz von Taraßbüchsen in einer Feldschlacht zu erkennen, wie es auch im Dreizehnjährigen Krieg der Fall gewesen sein kann. Zwar kennzeichnen die vielen Georgskreuze auf den Hosen die dargestellten Fußtruppen als Schweizer Reißläufer, aber die Ausrüstung vieler böhmischer Söldner im Dreizehnjährigen Krieg unterschied sich hiervon kaum. Allerdings benutzten diese kürzere Stangenwaffen und nur selten Spieße.

Ordenspfandschaften führte, steckte er selbst ebenfalls in fiskalischen Problemen. So musste er im April das Kammeramt Holland an die böhmischen Hauptleute Jan Sirkowitz, Jan Korschetzki und Peter Nossal verpfänden.[93]

Inzwischen versuchte der Hochmeister fieberhaft, eine Lösung für das sich verschärfende Söldnerproblem zu finden. Nach Vorbild des Preußischen Bundes bot er den Hauptleuten das Zinsrecht für zurückeroberte Gebiete an, forderte dafür jedoch das Recht auf Herrschaftsausübung in den Kerngebieten des Ordens rings um die Marienburg zurück. Er glaubte, sich diese Großzügigkeit leisten zu können, da er noch auf finanzielle Unterstützung von außerhalb, namentlich den Balleien im Reich und aus Livland hoffte.[94]

Die dem Orden treuen Söldner errangen in diesem Sommer durchaus kleinere militärische Erfolge. Kaspar von Nostitz zog von Konitz im Juni gegen die Burg

88 *Vgl.:* Hoburg*: Danzig während der Belagerung Marienburgs, S. 204.*

89 *Vgl.:* Rautenberg*: Der Verkauf der Marienburg 1454–1457, S. 124–125.*

90 *Vgl.:* Ebd.*, S. 125–126.*

91 *Vgl.:* Voigt*: Geschichte Preußens, S. 455.*

92 *Vgl.:* Rautenberg*: Der Verkauf der Marienburg 1454–1457, S. 126–127.*

93 *Vgl.:* Ebd.*, S. 127.*

94 *Vgl.:* Ebd.*, S. 128.*

Hammerstein. Er nahm sie nach kurzem Kampf und besetzte sie mit einer kleinen Garnison, wodurch der Heerweg aus Preußen ins Reich gesichert werden konnte. Von hier aus fiel er in Polen ein und marschierte auf die Stadt Lobsens (Łobżenica), wo ein Jahrmarkt abgehalten wurde. Die Ordenssöldner brannten die Stadt nieder und erbeuteten 300 Wagen mit wertvoller Fracht.[95]

Der Komtur von Schwetz konnte im Juli mithilfe der Besatzung seiner Burg die Stadt Schwetz zurückerobern. Ein Großteil der Häuser brannte allerdings während der Kämpfe nieder. Ortelsburg und Seeburg gingen wieder zum Orden über und auch Stadt und Burg Graudenz waren bereit, sich zu ergeben.[96]

Im Juni trafen sich einige der Ordenshauptleute mit Abgeordneten der Stadt Danzig, um über einen Verkauf der Marienburg zu verhandeln. Gleichzeitig war der Verkauf auch Diskussionsgegenstand eines in Petrikau tagenden polnischen Reichstages. Die Polen nahmen daraufhin Verhandlungen mit den Söldnern auf. Diese schickten zwei deutsche Hauptleute, Nickel von Wolffersdorff aus Sachen und Georg von Schlieben aus der Lausitz zu Verhandlungen nach Graudenz (Grudziądz).[97]

Wenig später trafen sich die Hauptleute und Rottmeister auf der Marienburg und schlossen am 2. September 1455 eine 20 Artikel umfassende „Einung". Dabei handelte es sich um eine althergebrachte Schwurgemeinschaft. Die Unterzeichnenden sicherten sich gegenseitig Treue und Beistand zu, bis sie ihres *„dinstes solt und schaden bezalt worden."*[98] Die führenden Unterzeichner des Vertrages waren übrigens keine Böhmen, sondern Adolf Graf von Gleichen und Hans Graf von Montfort und Pfannenberg. Zinnenbergs Stellung innerhalb der Gemeinschaft scheint zu diesem Zeitpunkt gesunken zu sein. Zwar unterzeichnete auch er die Urkunde, aber nur noch an 13. Stelle, gefolgt von Czerwenka.[99]

Die Einung ermächtigte allerdings keinen der Hauptleute, Verhandlungen über den Verkauf ihrer Pfandschaften zu führen. Dennoch versuchten einige der böhmischen Söldner, allen voran Czerwenka, Marienburg, Mewe und Dirschau zu verkaufen. Czerwenka verhandelte sowohl mit Vertretern der Stadt Danzig als auch mit dem Bischof von Leslau (Włocławek), einem ehemaligen Sekretär Kasimirs IV. Auch mit den in Stargard einquartierten böhmischen Hauptleuten des Preußischen Bundes stand er in Kontakt. Diese beklagten ebenfalls größere Soldrückstände und stellten ihrerseits Überlegungen an, Stargard oder gar Danzig selbst an den Orden zu verkaufen. Für Czerwenka zeichnete sich somit ab, dass der Bund ein unsicherer Verhandlungspartner war. Dennoch nahm er weiterhin Bestechungsgelder entgegen. Die Lage der Böhmen verkomplizierte sich dadurch, dass der böhmische König im Sommer ihre Güter eingezogen hatte, da sie sich seinem Befehl, bis Ostern nach Böhmen zurückzukehren, widersetzt hatten. Indem sie die Marienburg an Kasimir übergaben, erhofften die Söldner, einen Verbündeten zu gewinnen, der für sie ein gutes Wort in Prag einlegen würde.[100]

Inzwischen hatte Kurfürst Friedrich II. von Brandenburg in Bromberg Verhandlungen mit dem polnischen König aufgenommen. Friedrich versuchte, für den Orden günstige Friedensbedingungen zu erzielen und schlug vor, dass eine der beiden streitenden Parteien auf die umkämpften Gebiete verzichten und dafür von der anderen finanziell entschädigt werden sollte. Kasimir beklagte sich hingegen, dass der Orden ständig die mit Polen geschlossenen Friedensverträge verletzt habe, sodass es zu keiner Einigung kam. Es wurden neue Verhandlungen in Mewe angesetzt. Der polnische König wollte den Druck auf den Orden erhöhen und marschierte mit seinem Heer von Thorn wieder ins Kulmer Land ein. Gleichzeitig forderte er auch die Danziger auf, ihre Truppen die Weichsel hinaufzuschicken. In Mewe schlugen die Gesandten des Ordens schließlich vor, den Konflikt durch einen Schiedsspruch des Papstes, des Kaisers oder des Königs von Ungarn beizulegen, was die polnischen Vertreter jedoch rundheraus ablehnten. Daraufhin wiederholte der Hochmeister den Vorschlag des brandenburgischen Kurfürsten, Polen für die Rückgabe der besetzten Gebiete auszuzahlen. Kasimir zog sich allerdings wieder auf das Argument zurück, dass die Existenz des Ordensstaates per se überflüssig war, da er seinem Stiftungsgedanken – der Heidenmission – im Ostseeraum nicht mehr nachkommen könne.[101]

Der Zusammenschluss der Hauptleute beunruhigte den Hochmeister, der in der Folge alle Hebel in Bewegung setzte, um die geforderten finanziellen Mittel aufzutreiben. Noch 1454 hatte er die Neumark, die der Orden erst 1402 erworben hatte, für 40.000 Gulden an Kurfürst Friedrich II. von Brandenburg verpfändet.[102] In Livland wurden neue Steuern ausgeschrieben, die eigens zur Tilgung der Schulden gegenüber den Söldnern angedacht waren. Doch deren Eintreibung benötigte Zeit und die lief Ludwig von Erlichshausen davon.[103] In Ostpreußen zogen Prediger des Ordens umher und versuchten in den Städten, die unter den Schutz des Ordens zurückgekehrt waren, Ablassbriefe zu verkaufen.

Ein Ordensritter in der Mitte des 15. Jahrhunderts. Dieser Ritter ist vergleichsweise leicht gerüstet. Unter dem Waffenrock trägt er ein Kettenhemd, dazu vor allem Oberarm-, Ellbogen- und Knieschutz. Sein Helm ist eine deutsche Schaller, die von einer hohen eisernen Halsberge ergänzt wird, welche Hals, Kinn und Mundpartie schützt. Die Schaller kam in der Mitte des 15. Jahrhunderts auf und schützte den Kopf des Trägers besser vor der Einwirkung stumpfer Waffen, wie Streithämmern und –kolben, die im Spätmittelalter immer mehr Verbreitung fanden.

---

95 *Vgl.:* Voigt: *Geschichte Preußens, S. 453.*
96 *Vgl.:* Ebd., *S. 453-454.*
97 *Vgl.:* Rautenberg: *Der Verkauf der Marienburg 1454–1457, S. 128–131.*
98 *Zit. nach:* Ebd., *S. 129.*
99 *Vgl.:* Ebd., *S. 130.*
100 *Vgl.:* Ebd., *S. 132.*
101 *Vgl.:* Voigt: *Geschichte Preußens, S. 456–458.*
102 *Vgl.:* Escher: *Die Mark Brandenburg, S. 32.*
103 *Vgl.:* Rautenberg: *Der Verkauf der Marienburg 1454–1457, S. 133.*

Immerhin hatte der Papst den preußischen Bund mit dem Bann belegt.[104] Die Rückkehr zum Orden stellte zwar für die Stadtbürger einen ersten Schritt zur eigenen Seelenrettung dar, aber der Orden war darauf angewiesen, aus dem zweiten Schritt Kapital zu schlagen.

Derweil war das polnische Heer wieder vor die Stadt Lessen gezogen, wo es sich mit einem Danziger Aufgebot verband. Die Belagerer trieben Laufgräben bis dicht unter die Mauern. Trotz ihrer großen Überlegenheit konnten die Verbündeten nicht verhindern, dass ein Kontingent aus 160 Reisigen zu den etwa 350 Söldnern der Garnison durchbrach und die Besatzung verstärkte. Die Polen brachten schwere Geschütze aus den umliegenden Städten Thorn, Rheden und Graudenz heran, konnten aber keine ausreichend große Bresche in die Mauern der Stadt schießen. Die Verteidiger unter Friedrich von Raveneck wehrten sich hartnäckig. Bald machten sich unter den Belagerern – wie so oft – Lebensmittelengpässe bemerkbar, denn das Umland war ausgezehrt und für ein effektives Nachschubwesen keine Vorsorge getroffen worden. Dadurch wurde Kasimir gezwungen, seine Fouragiertrupps bis in die Neumark und die preußischen Niederlande auszuschicken. Dennoch verließen von Tag zu Tag mehr polnische Ritter und angeworbene Söldner das Lager. Mitte Oktober brach der König die Belagerung ab und versuchte, sein Heer nach Graudenz zu führen, von wo er in Pommerellen einfallen, aber auch die bündischen Truppen in Ostpreußen unterstützen wollte.[105]

Aber dazu kam es nicht. Ein Brückenschlag über die Weichsel kostete enorm viel Zeit und der Nachschub war noch immer nicht organisiert. Im Lager von Graudenz verendeten innerhalb weniger Tage 3.000 Pferde. Schockiert verließen weitere Ritter und Söldner das Heer. Kasimir, der sein Heer auseinanderfallen sah, blieb letztendlich nichts anderes übrig, als sich nach Thorn zurückzuziehen.[106]

Derweil trat der Bruch zwischen dem Orden und den auf der Marienburg einquartierten Soldtruppen immer offener zu Tage. Erlichshausen, der sich von seinen Söldnern zunehmend bedroht fühlte, plante die Errichtung einer eigenen Leibwache. Noch hielten gemäßigte Elemente unter den Söldnerführern, allen voran der Graf von Gleichen, ihre Hand schützend über den Hochmeister. Doch als sich der Graf am 4. April 1456 zu einer weiteren Übergabeverhandlung nach Graudenz begab, besetzten die Söldner auch das Hochschloss. Der Hochmeister wurde aus fast all seinen Quartieren vertrieben und musste sich in seine Schlafkammer zurückziehen. In dieser kritischen Situation traf Gotthard von Plettenberg, der Landmeister von Livland, mit einer Gesandtschaft und ersten Teilen der Sondersteuer auf der Marienburg ein. Allerdings war Plettenberg nur dann bereit, die Gelder auch auszuzahlen, wenn die Söldner die Burg räumen würden, was diese jedoch ablehnten. Bei einem gemeinsamen Essen beklagten sie sich über das vermeintliche Unrecht, das ihnen durch den Orden zuteilgeworden war. So beschwerten sie sich, dass der Komtur von Elbing an den Herzog von Sagan und Bernhard von Zinnenberg bereits Sonderbeträge gezahlt hatte. Doch dieser Vergleich stand auf wackeligen Füßen. Während die in Ostpreußen stehenden Söldner ihre Verträge erfüllten, den Kampf gegen den Bund fortführten und die Herrschaftsausübung des Ordens kaum behinderten, saßen die Söldner in Westpreußen seit Monaten untätig auf ihren Burgen und behielten die Zinszahlungen der Bauern für sich zurück. Trotz alledem zeigte sich der Landmeister kompromissbereit. Er versprach, bis zum 24. Juni 1456 100.000 Gulden an die Söldner zu bezahlen. Anschließend sollten diese die Marienburg räumen, worauf bis zum 29. September weitere 100.000 Gulden gezahlt werden würden. Als die Söldner dagegenhielten, dass ihnen mittlerweile hohe Verzugszinsen zustehen würden, sagte er weitere 25.000 Gulden zu. Obwohl es sich um ein sehr lukratives und handfestes Angebot handelte, lehnten die Vertreter der Söldner ab, was darauf hinweist, dass ihre Verhandlungen mit der polnischen Seite bereits sehr weit fortgeschritten gewesen sein müssen und nicht nur Czerwenka handfeste Bestechungsgelder empfangen hatte, auch wenn sich dies im Detail nicht belegen lässt. Enttäuscht verließ Plettenberg die Marienburg – und seinen Hochmeister.[107]

Der Komtur von Elbing unternahm nun einen letzten verzweifelten Versuch, das Blatt zu wenden und versprach die sofortige Auszahlung von 25.000 Gulden sowie weiteren 50.000 nach sechs Wochen. Auch er forderte dafür jedoch die Herausgabe der Ordensburgen und die Wiederherstellung der Besteuerung in den zurückeroberten Städten durch den Orden. Doch die Söldner wollten weder das eine noch das andere zugestehen. Schließlich kündigten mehrere Hauptleute dem Hochmeister offen die Huldigung auf und erklärten sich fortan für König Kasimir von Polen. Damit verstießen sie nicht nur gegen ihre Soldverträge, sondern auch gegen die erst kurz zuvor mit ihren Kameraden geschlossene Einung. Als Bernhard von Zinnenberg daraufhin auf die Marienburg eilte, um die Situation zu entschärfen, wurde er von ihnen mit Waffengewalt vertrieben. Diese neue Söldnergruppierung erkannte zwar die Führung durch den Grafen von Gleichen an, wählte aber nun Ulrich Czerwenka zu seinem Stellvertreter.[108]

Damit war der Bruch unter den Ordenssöldnern endgültig vollzogen. Ein großer Teil der ordenstreuen Männer unter der Führung des Komturs von Elbing, des Grafen von Gleichen und Bernhards von Zinnenberg stellte sich jetzt offen gegen die Gruppe um Czerwenka. Zwar beharrten auch sie weiterhin auf die Auszahlung des rückständigen Soldes, aber sie nahmen das vorliegende Angebot durch Plettenberg zur Kenntnis und versuchten, den Verkauf des Ordensbesitzes zu verhindern. Daraufhin erklärte die Gruppe um Czerwenka öffentlich, den Verkauf auch ohne die Zustimmung ihrer Einungskameraden vollziehen zu wollen. In den folgenden Verhandlungen mit dem polnischen König wechselte jedoch eine Reihe von Hauptleuten zurück in das Lager des Ordens. Im Juli reiste Kasimir IV. nach Thorn, wo er sich mit den Hauptleuten von Marienburg, Dirschau, Eylau, Mewe, Friedland und Hammerstein traf. Der König erkannte, dass die Gruppe der Söldner viel zu klein war,

104 *Vgl.:* Voigt: *Geschichte Preußens, S. 454–455.*

105 *Vgl.:* Ebd.*, S. 462–463.*

106 *Vgl.:* Ebd.*, S. 463–464.*

107 *Vgl.:* Rautenberg: *Der Verkauf der Marienburg 1454–1457, S. 134–136.*

108 *Vgl.:* Ebd.*, S. 136.*

als dass er mit ihnen gültige Verträge abschließen konnte und einigte sich vorerst nur über einen Waffenstillstand bis zum 6. Dezember.[109]

Dies gab den ordenstreuen Söldnern Zeit, den Verkauf doch noch zu verhindern. Am 5. August 1456 trafen sich der Graf von Gleichen, Georg von Schlieben und der Komtur von Elbing in Preußisch Mark, wo sie beschlossen, dass die Ordensbrüder all ihre privaten Geldreserven (die sie nach Ordensstatuten gar nicht besitzen durften), zur Auslösung der Schulden zusammentragen sollten. Als die böhmische Gruppe von diesem Vorhaben erfuhr, plünderte sie die auf Marienburg verbliebenen Ritter aus, sperrte einige in das Malzhaus und malträtierte sie so sehr, dass sie sich aus den hochgelegenen Fenstern warfen. Anschließend vertrieben sie die Gelehrten und Kanzleiarbeiter aus der Burg und untersagten dem Hochmeister den Kontakt mit der Außenwelt.[110]

Aufgrund dieser Vorfälle trafen sich die ordenstreuen Hauptleute ein weiteres Mal mit dem Komtur von Elbing in Riesenburg. Hier beschlossen sie, die von Landmeister von Plettenberg in Aussicht gestellten Summen zu akzeptieren. Gleichzeitig sprachen sie der Gruppe um Czerwenka jegliches Besitzrecht über die Ordensburgen ab, die sie weiter gegen alle Feinde zu verteidigen gedachten. Diese verwiesen daraufhin all jene, die nicht bereit waren, Geld vom Bund oder Polen zu nehmen, von der Marienburg.[111]

Es lässt sich nicht genau klären, warum die ordenstreuen Söldner in dieser kritischen Situation nicht versuchten, den Hauptsitz des Ordens womöglich mit Waffengewalt wieder in ihre Hand zu bekommen. Mit dem Hochmeister verfügte die Gruppe um Czerwenka allerdings über eine bedeutende Geisel. Am 16. August 1456 schloss sie in Thorn einen Vertrag über den Verkauf der Marienburg ab. Dieser wurde sowohl von Vertretern der polnischen als auch der preußischen Stände unter Vorsitz des Kanzlers Johann Gruszynski besiegelt. Auf Seite der Söldner wurden 74 Unterzeichner gelistet, allen voran Ulrich Czerwenka und Nickel von Wolffersdorff. Obwohl die Gruppe der „Verräter“ schon von den Zeitgenossen allgemein als „Böhmen“ bezeichnet wurde, führten nur ein Drittel der unterzeichnenden Hauptleute und Rottenführer böhmische Namen, die Masse kam aus Mitteldeutschland. Diesen 74 Männern unterstanden etwa 2.500 Söldner, etwa ein Drittel der angeworbenen Streitmacht von schätzungsweise 7.000 Soldaten. Davon waren wiederum nur etwa ein Viertel Böhmen, der Rest vor allem Deutsche. Die Zahl der neben Marienburg verkauften Ordenshäuser hatte sich mittlerweile auf sechs reduziert. Friedland und Hammerstein waren bereits wieder zum Orden übergetreten.[112]

Finanziell brachte dieser Vertrag keinerlei Vorteile für die Söldner mit sich, denn der polnische König war in ähnliche Geldsorgen verwickelt wie der Hochmeister. Er konnte den Hauptleuten lediglich eine Zahlungsanweisung in Aussicht stellen. Bis zum 12. September sollten die Söldner eine erste Rate von zehn Gulden pro Pferd, insgesamt 25.000 Gulden, erhalten. Die Zahlung der übrigen Raten sollte zwischen Weihnachten und Neujahr erfolgen. Während der Orden ihnen im Sommer bereits wesentlich größere Summen zur sofortigen Auszahlung in Aussicht gestellt hatte, wurden die Söldner nun mit neuen Zusicherungen vertröstet, was als weiteres Indiz dienen kann, dass mehrere Hauptleute nur durch persönliche Bestechung zur Unterzeichnung des Vertrages bewegt werden konnten. Tatsächlich erhielten die dem Orden treu gebliebenen Söldner vom Komtur von Elbing am 24. August 1456 zumindest vier Gulden pro Pferd ausgezahlt. Damit brachte er sogar einige von Czerwenkas Gefolgsleuten ins Wanken, die ihren Führer nun bedrängten, den mit den Polen abgeschlossenen Vertrag zu negieren und wieder Kontakt zum Orden aufzunehmen. Bereits am 27. August trafen sich die Böhmen in Stuhm mit Vertretern des Ordens. Diese versprachen die sofortige Auszahlung von 25.000 Gulden, forderten aber dafür ein weiteres Mal die umgehende Räumung aller Ordenshäuser. Unsicher geworden, fragten die Böhmen bei den Vertretern des Bundes und den Polen nach. Aber diesen fehlte es immer noch an barem Geld. Auch die ersten Zahlungsraten konnten nicht eingehalten werden. In dieser Situation setzte sich Czerwenka allerdings durch und lehnte die vom Orden versprochenen Teilzahlungen kategorisch ab.[113]

Im wohl kritischsten Moment der Verhandlungsphase kam es plötzlich zu Aufständen der Bürgerschaft von Thorn, die sich gegen die zur Bezahlung der Söldner erhobenen Steuern richteten. Heinrich Reuß von Plauen hatte zudem hohe Summen, die ursprünglich zur Tilgung der Forderungen Czerwenkas gedacht waren, dazu genutzt, um wenigstens die Besatzungen von Mewe und Konitz wieder auf die Seite des Ordens zu ziehen. Wenig später vertrieben ordenstreue Söldner aus der Burg Mewe unter Zinnenbergs Führung mit Waffengewalt die Böhmen aus der Stadt. Auch in Danzig kam es zu Unruhen, die den Vollzug des Vertrages gefährdeten. Nur das persönliche Erscheinen Czerwenkas, der die baldige Übergabe der preußischen Burgen versprach, konnte die Lage stabilisieren.[114]

In dieser letzten Phase des Dramas kam es zu weiteren gewaltsamen Ausschreitungen auf der Marienburg. Böhmische Söldner, vermutlich vor allem die aus Mewe vertriebene Garnison, überfielen die Priesterbrüder auf dem Weg zur Nachtmesse, schnitten ihnen die Bärte ab und beraubten sie ihrer Kleidung. Der Hochmeister wurde mit dem Tod bedroht, die Schlosskirche geplündert. Das Verhalten der Söldner gegenüber Angehörigen der Kirche lässt sich nicht zuletzt damit begründen, dass viele der Böhmen hussitischen Glaubens waren und diesbezüglich wenig Skrupel besaßen.[115]

---

109 *Vgl.:* Ebd., *S. 136–137.*

110 *Vgl.:* Ebd., *S. 137–138.*

111 *Vgl.:* Ebd., *S. 138.*

112 *Vgl.:* Ebd., *S. 138–139;* Biskup: *Söldner in den Streitkräften des Deutschordensstaates, S. 64.*

113 *Vgl.:* Rautenberg: *Der Verkauf der Marienburg 1454–1457, S. 139–140.*

114 *Vgl.:* Ebd., *S. 140;* Voigt: *Geschichte Preußens, S. 517.*

115 *Vgl.:* Rautenberg: *Der Verkauf der Marienburg 1454–1457, S. 140–141;* Tresp: *Die „Quelle der Kriegsmacht“, S. 50–53.*

Die von den Söldnern nach dem Vertrag von Thorn an den polnischen König zu übergebenden Burgen und Städte

Nach der 1. Zahlungsfrist	
Allenstein	Ortelsburg
Wartenburg	Rhein
Rößel	Seesten
Nach der 2. Zahlungsfrist	
Neumark	Soldau
Brathean	Preußisch Eylau
Hohenstein	
Nach der 3. Zahlungsfrist	
Stuhm	Mewe
Marienwerder	Konitz
Lessen	Hammerstein
Riesenburg	Friedland
Dann	Marienburg
Dirschau	

Der Orden gab seine Bemühungen jedoch noch immer nicht auf. Ende Oktober bot der Komtur von Elbing den Söldnern ein weiteres Mal die sofortige Zahlung von 13.000 ungarischen Gulden an, der nach acht Tagen eine zweite Rate von 6.000 Gulden folgen sollte. Czerwenka und Wolffersdorff lehnten ab und akzeptierten stattdessen die wesentlich kleinere erste Rate der Stadt Danzig über 6.250 Gulden. Anfang November trafen die Vertreter der Hansestadt auf der Marienburg ein und zahlten die ersten Abschlagssummen aus. Der König von Polen hatte wesentlich größere Probleme, seinen Anteil aufzubringen und musste die Zahlungsfrist bis Ostern 1457 verlängern. Als auch diese Frist verstrich, besetzte Nickel von Wolffersdorff zusammen mit mehreren böhmischen Hauptleuten das Hochschloss. Erst nachdem Ulrich Czerwenka mit 18.000 Gulden, die Danzig dem polnischen König geliehen hatte, bei der Burg eintraf, konnte er seine Gefolgsleute beruhigen. Bis Ende Mai waren alle Raten beglichen. Am 4. und 5. Juni 1457 zogen polnische und bündische Truppen feierlich in der Marienburg ein. Die Söldner Danzigs begannen umgehend mit der Plünderung der Wagen des Ordens, auf denen der Hochmeister die Kirchenschätze, ein vergoldetes Marienbildnis und eine Reliquie der Heiligen Barbara, in Sicherheit bringen wollte. Diese waren der Stadt zuvor vom polnischen König als Pfand für die geliehenen 18.000 Gulden überlassen worden. Von Erlichshausen wurde misshandelt und später wie eine Trophäe auf die Burgen Dirschau und Schwetz geschleppt, bevor man ihn entließ.[116]

116 *Vgl.: Ebd., S. 140–142.*

DAS SÖLDNERWESEN ZUR ZEIT DES DREIZEHNJÄHRIGEN KRIEGES

Noch zu Beginn des 15. Jahrhunderts stützte sich die militärische Kraft des Ordens vor allem auf die eigene Ritterschaft sowie die bischöflichen und städtischen Aufgebote Preußens. Söldnerkontingente ergänzten das Heer lediglich.[117] Doch für die althergebrachte Kriegsverfassung wirkte sich die Schlacht bei Tannenberg und der Krieg von 1410 verheerend aus.

Rückgang der preußischen Gestüte durch die Schlacht bei Tannenberg[118]

Gestüt	Bestände vorher (mit Jahreszahl in Klammern)
Samland	59 Zuchthengste, 407 Mutterstuten (1407)
Leske	341 Remonten (1390)
Komturei Mewe	505 Pferde (1407)
Vorwerk Senskow	180 Mutterstuten (März 1410)
Sauerteig	92 Zuchtstuten (April 1410)
Kuling	69 Zuchtstuten (1401)

Dies betraf nicht zuletzt die Pferdezucht. Gute und starke Pferde waren sprichwörtlich der Träger mittelalterlicher Ritterheere. Aber auch diesbezüglich musste der Orden in der Tannenberger Schlacht empfindliche Verluste hinnehmen. Das kleine neumärkische Kontingent verlor allein 20 Pferde, für die ihm eine Entschädigung zustand. Die Kulmer Ritterschaft erhielt im Dezember 1410 für verlustig gegangene Ausrüstung, einschließlich Pferden, 4.000 Mark Entschädigung. Verheerend wirkte sich aber vor allem die Verwüstung Preußens aus. Vielen Bauern waren Arbeitspferde geraubt worden und auch die Zuchthöfe des Ordens hatten erhebliche Verluste erlitten. Es dauerte mehrere Jahre, diese Verluste auszugleichen. Hochmeister Heinrich von Plauen ließ dafür Tiere im Ausland ankaufen.[119]

Durch die militärischen und ökonomischen Schläge der Folgejahre konnten sich die Gestüte des Ordens nur schwer erholen. Die Kriege von 1414 und 1421 verwüsteten

117 *Vgl.: Biskup: Söldner in den Streitkräften des Deutschordensstaates, S. 51–55.*

118 *Vgl.: EKDAHL: Das Pferd, S. 37.*

119 *Vgl.: Ebd., S. 36–37.*

Ein leichter böhmischer Reiter. Bei dem nur mit Gambeson und Helm geschützten Reiter handelt es sich vermutlich um den Knecht eines böhmischen Söldners. Bewaffnet ist er mit einem Dussack, einer frühen Form des Säbels, der in Böhmen sehr beliebt gewesen ist.

das Land aufs Neue. 1431 erschütterte eine schwere Pferdeseuche das Land, durch die ganze Gestüte ausgerottet wurden.[120]

Auch der alte Kreuzzugsgedanke des europäischen Adels, der auf den „Litauerreisen“ im 14. Jahrhundert und auch noch während des Krieges 1410 die Heere des Ordens mit einer großen Anzahl gut gerüsteter und sich selbst finanzierender Freiwilliger gefüllt hatte, kam nach der Schlacht bei Tannenberg fast vollständig zum Erliegen. So beklagte sich bereits 1419 Hochmeister Michael Küchmeister gegenüber Markgraf Friedrich IV. von Meißen, der sich 1391 ebenfalls an einer Litauerreise beteiligt hatte, der Orden müsse inzwischen jede noch so kleine Hilfeleistung im Krieg gegen Polen mit Geld bezahlen.[121]

Die nicht zuletzt daraus resultierende militärische Schwäche des Ordens führte dazu, dass Söldnerkontingente zunehmend an Bedeutung gewannen. Auch hier spielten berittene Truppen zunächst noch eine große Rolle. 1414 wurden 900 Spieße aus Böhmen angeworben, 1421 etwa 1.500 berittene Söldner aus dem Reich, 1433 sogar 2.000 Spieße (die entweder aus drei Reitern oder drei Schützen bestehen sollten). Daher wurden bei Heerschauen Ross und Reiter inspiziert.[122]

Spielten die Söldnerkontingente auch in den kleinen Kriegen nach 1410 vorerst noch eine ergänzende Rolle, wenn auch von wachsender Bedeutung, so änderte sich die Situation 1454. Bei Ausbruch des Dreizehnjährigen Krieges war die Zahl der Ritterbrüder dramatisch gesunken. Auf die Lehnsaufgebote konnte der Hochmeister nicht zurückgreifen, da diese sich dem Preußischen Bund angeschlossen hatten. Daher blieb nur die Anwerbung großer Söldnerkontingente. Als die wichtigsten Rekrutierungsgebiete erwiesen sich für den Orden dabei Böhmen, Schlesien und der mitteldeutsche Raum. Im Dreizehnjährigen Krieg bestand das Ordensheer schließlich fast ausschließlich aus Söldnern. Der Hochmeister und auch die meisten Ritterbrüder beteiligten sich nur noch selten am Kampfgeschehen.[123]

Der hohe und niedere Adel des Reiches war zwar nicht mehr bereit, als Kreuzritter nach Preußen zu ziehen, bot aber seine Dienste als Kriegsunternehmer an. Zwar hatten sowohl der böhmische König Ladislaus Posthumus als auch der Kurfürst von Brandenburg und sein Sohn Markgraf Albrecht dem Orden im Frühjahr 1454 ihre Unterstützung angeboten, letztendlich scheiterte ihre Beteiligung daran, dass der Orden sie aus seinen leeren Kassen nicht bezahlen konnte. Albrecht forderte für die Aufstellung eines Heeres von 4.000 Berittenen und 20.000 Fußknechten 300.000 ungarische Gulden und nochmals die gleiche Summe, sobald das Heer im Ordensland eingerückt wäre. Der König von Böhmen wollte sich nicht allein auf die Versprechungen des Deutschmeisters verlassen, er forderte handfeste Vorschüsse, die vor dem Auszug seines Heeres nach Prag geliefert werden sollten. Zudem verlangte er nach der Wiederherstellung der Ordensherrschaft den Titel eines „Protektor des Deutschen Ordens“, an den die jährliche Zahlung von 4.000 ungarischen Gulden gekoppelt war. Der Kurfürst von Brandenburg wollte dagegen alle Schäden, die seinem Heer kriegsbedingt zugefügt werden mochten, durch den Orden kompensiert wissen.[124]

Der Orden musste sich daher an kleinere Kriegsunternehmer wenden, wobei vor allem private Beziehungen eine wichtige Rolle bei der Kontaktvermittlung spielten. Dem Großspittler Heinrich Reuß von Plauen kam hierbei eine wichtige Bedeutung zu. Seine Familie stammte aus dem Vogtland, weswegen es kaum verwundert, dass die Masse der durch den Orden angeworbenen Söldner aus dem mitteldeutschen Raum und aus Böhmen stammten. Auch die Vermittlung Bernhards von Zinnenberg geht auf verwandtschaftliche Beziehungen zwischen dem Söldnerführer und dem vogtländischen Geschlecht zurück.[125]

Die Stärke des im Sommer 1454 angeworbenen Söldnerheeres wird mit ca. 9.000 Reitern und 6.000 Mann Fußvolk angegeben. Als Anführer werden 57 Hauptleute benannt. Zur Ausstattung des Heeres gehörten Kriegswagen nach hussitischem Vorbild und Artillerie.[126]

Nach dem Verkauf der Marienburg ging die Zahl der Ordenssöldner drastisch zurück, zum Teil, da diese auf die polnisch-bündische Seite übertraten, aber auch, weil sie durch den Tod wichtiger Hauptleute, wie Graf Adolf von Gleichen, die Heimreise antraten. Im Sommer 1457 sank die Stärke des Ordensheeres auf lediglich 7.000 Mann.[127]

Söldner waren durchaus keine sozial entwurzelten Elemente, was insbesondere das Schicksal der Böhmen verdeutlicht. Diese befanden sich 1454/55 in einer prekären Zwickmühle. Nach Ausbruch des Krieges untersagte ihnen ihr König Ladislaus den Kriegsdienst auf Seiten des Ordens.[128] Zu diesem Zeitpunkt hatte jedoch eine Reihe von Hauptleuten bereits Verträge mit den Werbern des Hochmeisters abgeschlossen. Damit begaben sie sich in eine Doppelvasallität. Ladislaus forderte, dass alle böhmischen Hauptleute bis Ostern 1455 aus Preußen zurückkehren sollten. Als diese der Aufforderung nicht nachkamen, ließ er ihre Güter einziehen.[129]

Ein weiteres Problem der damaligen Söldner verdeutlicht sich am Schicksal Rudolfs von Sagan. Um überhaupt eine Rotte Söldner werben zu können, hatte er sich vom Augustiner-Chorherren-Kloster in Sagan 70 Gulden als Werbegeld geliehen. Die Mönche verlangten jedoch nicht nur die vorgestreckte Summe, sondern auch entsprechende Zinsen zurück. So finden sich in den Rechnungsbüchern des Klosters später neben den

120 *Vgl.:* Ebd., *S. 37–38.*

121 *Vgl.:* CDS 1 B 4, *Nr.* 18, S. 14.

122 *Vgl.* Ekdahl: *Das Pferd, S. 38-39;* Biskup: *Söldner in den Streitkräften des Deutschordensstaates, S. 55–58;* Rautenberg: *Böhmische Söldner, S. 22–61.*

123 *Vgl.:* Biskup: *Söldner in den Streitkräften des Deutschordensstaates, S. 60–61;* Tresp: *Söldner aus Böhmen, S. 53;* Bujack: *Das Söldnerwesen, S. 728–729.*

124 *Vgl.:* Rautenberg: *Böhmische Söldner, S. 80–83;* Voigt: *Geschichte Preußens, S. 389–390.*

125 *Vgl.:* Tresp: *Böhmen als Söldnermarkt, S. 47.*

126 *Vgl.:* Biskup: *Söldner in den Streitkräften des Deutschordensstaates, S. 61–62;* Tresp: *Böhmen als Söldnermarkt, S. 40–46.*

127 *Vgl.:* Ebd., *S. 65.*

128 *Vgl.:* Palacký: Urkundliche Beiträge, Nr. 75, S. 85; Tresp: Die „Quelle der Kriegsmacht“, S. 59–60; Tresp: *Böhmen als Söldnermarkt, S. 51–52.*

129 *Vgl.:* Rautenberg: *Der Verkauf der Marienburg 1454–1457, S. 132.*

70 Gulden auch kostbare Beutestücke aus dem Zelt des polnischen Königs wieder, die den Söldnern in der Schlacht bei Konitz in die Hände gefallen waren.[130]

Nach dem Verkauf der Marienburg klagte der Orden die Söldnergruppe um Czerwenka und Wolffersdorff in ihren Heimatländern des Verrats an. Dabei wurde er von Teilen der ordenstreuen Söldner unterstützt. So strebte der immer noch in Thorn gefangene Bernhard von Zinnenberg bei König Ladislaus einen Prozess an. Sogar der Papst drohte den Verkäufern mit dem Bann, weswegen diese eine Rechtfertigungsschrift verfassten. In Böhmen fand tatsächlich ein Prozess statt, der jedoch durch den Tod von König Ladislaus vorübergehend unterbrochen wurde. 1459 erneuerte der Hochmeister auf Drängen Zinnenbergs seine Anklage gegen die *„unerliche mannen und eervergessene leute"*, die die Marienburg an des Ordens *„houptfinde verkouft"*[131] hatten. 1460 verurteilte ein böhmisches Gericht Czerwenka und seine Hauptleute schließlich zu hohen Haftstrafen. In Böhmen ging Zinnenberg sogar selbst mit einem kleinen Heer gegen die Güter der Verkäufer vor. Czerwenka und seine Hauptleute wurden allerdings 1462 auf Bitten des polnischen Königs wieder freigelassen.[132] In Sachsen forderte Kurfürst Friedrich II. Nikolaus von Wolffersdorff und alle übrigen seiner Untertanen, die sich am Verkauf der Marienburg beteiligt hatten, dazu auf, sich vor einem Gericht zu rechtfertigen, andernfalls wollte er sie für ehrlos erklären lassen.[133]

Überliefert ist auch die Geschichte eines namentlich nicht bekannten Hauptmanns – vermutlich handelte es sich um den österreichischen Söldnerführer Andreas Gewald – der sich nach dem Verkauf in Wien niederließ. *„Derselb Hauptmann verwag sich der threu und ehr, und vergaß auch des aidts, den er von des geschloß wegen sein mithailn gethan hatt, und nam des gelt, und zu seiner zeit, als ime das tuegt, gab er über das geschloß Margenburg dem König von Poln in seine hend, on wissen und willen der andern herrn und kam daemnach demselben gelt in die Statt den Wien und nam Andree, des Guntorffer Wittiben zue einen ehelichen Hausfrauen"*,[134] hieß es in einer Klage der Ordenssöldner an die Stadt Wien. Sie forderten, dass die Stadt dem Hauptmann das Bürgerrecht entziehe. Aus Angst, von den Söldnern die Fehde angesagt zu bekommen, gab der Rat nach. Der Hauptmann kaufte sich außerhalb der Stadt ein neues Gut und verschwand wenig später spurlos von einem Kirchenbesuch.[135]

Das Bundesheer war – gerade zu Beginn des Krieges – sehr heterogen zusammengesetzt. Städtische Aufgebote, preußische Ritter mit ihren Knechten und angeworbene Söldner bildeten ein buntes Gemisch, bei dem Konflikte vorprogrammiert waren. Ein solch zusammengewürfeltes Heer belagerte 1454 erfolglos die Marienburg. Es gelang Stibor von Baysen nicht, eine funktionierende Hierarchie einzuführen, da die Söldner nicht den Befehlen der Ritter und diese wiederum nicht den Anweisungen der städtischen Hauptleute folgen wollten. Oftmals agierten kleine Gruppen eigenmächtig, gingen auf Raubzüge oder verließen das Lager. Auch durch die Androhung schwerer Strafen an Leib und Leben gelang es Baysen nicht, Ordnung in diesem Heer zu schaffen.[136]

Nachdem der Bund dem polnischen König gehuldigt hatte, wurde in Elbing eine Bundesversammlung einberufen, die vor allem die Frage nach der Finanzierung des Heeres klären sollte. Sie beschloss, so weit wie möglich alle Ordenssitze einzunehmen und damit die Herrschaftsrechte der Komtureien und Vogteien, sprich Zinserhebung und die Einkünfte aus Fischerei, Jagd, Mühlen und dem Bernsteinhandel, an sich zu ziehen. Darüber hinaus wurde das Ordenseigentum konfisziert, das Kirchensilber eingesammelt und an die Münzwerkstätten weitergegeben. Doch diese Maßnahmen reichten anscheinend nicht aus, denn noch im Frühjahr 1454 bat der Bund den polnischen König um finanzielle Zuschüsse zur Bezahlung seiner Söldner.[137]

Polen vertraute zu Beginn des Krieges noch vornehmlich auf die traditionellen ritterlichen Aufgebote. Da die Feldzüge in Preußen nach Konitz jedoch nicht mehr auf eine Entscheidungsschlacht, sondern immer mehr auf einen Abnutzungskampf hinausliefen, zeigte sich zunehmend die Unzuverlässigkeit des ritterlichen Heerwesens. Der mittelalterliche Ritter adeliger Herkunft war ein eigenwilliger Individualist, der sich nur bedingt einer auf dem Schlachtfeld notwendigen Disziplin unterwarf. Außerdem neigte er dazu, nach Ablauf seiner Dienstzeit auf eine schnelle Entlassung zu drängen, beziehungsweise das Heer einfach zu verlassen und dies oft genug in genau dem Moment, in dem er am meisten gebraucht wurde.[138] Daher warb auch Kasimir im Lauf des Krieges mehr und mehr Söldner an.

130 *Vgl.:* Bujack: *Das Söldnerwesen, S. 727.*

131 *Zit. nach:* Rautenberg: *Der Verkauf der Marienburg 1454–1457, S. 145.*

132 *Vgl.:* Ebd., *S. 146–148;* Biskup: *Söldner in den Streitkräften des Deutschordensstaates, S. 65.*

133 *Vgl.:* Voigt: *Geschichte Preußens, S. 539.*

134 *Zit. nach:* Rautenberg: *Der Verkauf der Marienburg 1454–1457, S. 147.* *„Derselbe Hauptmann verging sich an Treue und Ehre und vergaß auch den Eid, den er wegen des Schlosses getan hatte und nahm das Geld und zu der Zeit, als er dies tat, übergab er das Schloss Marienburg in die Hände des Königs von Polen, ohne Wissen und Willen der anderen Herren und kam danach in die Stadt Wien und nahm Andrea, der Guntorffer Witwe, zu seiner ehelichen Hausfrau."*

135 *Vgl.:* Ebd., *S. 147–148.*

136 *Vgl.:* Voigt: *Geschichte Preußens, S. 386–387.*

137 *Vgl.:* Rautenberg: *Böhmische Söldner, S. 75–78;* Voigt: *Geschichte Preußens, S. 380–381, 387.*

138 *Vgl.:* Ohler: *Krieg und Frieden, S. 5–6.*

Abbildung auf den Seiten 30/31:
In der letzten Phase der Schlacht bei Konitz unternimmt Heinrich Reuß von Plauen mit seiner Söldnerreiterei einen Ausfall und überfällt das polnische Lager. Die hier zurückgelassenen Fußtruppen werden vollkommen überrascht und können den schwer gepanzerten Reitern wenig entgegen setzen. Die hier gezeigten Söldnerreiter tragen volle Rüstungen und Pferdepanzer und sind damit für ihre Zeit hervorragend ausgerüstet.

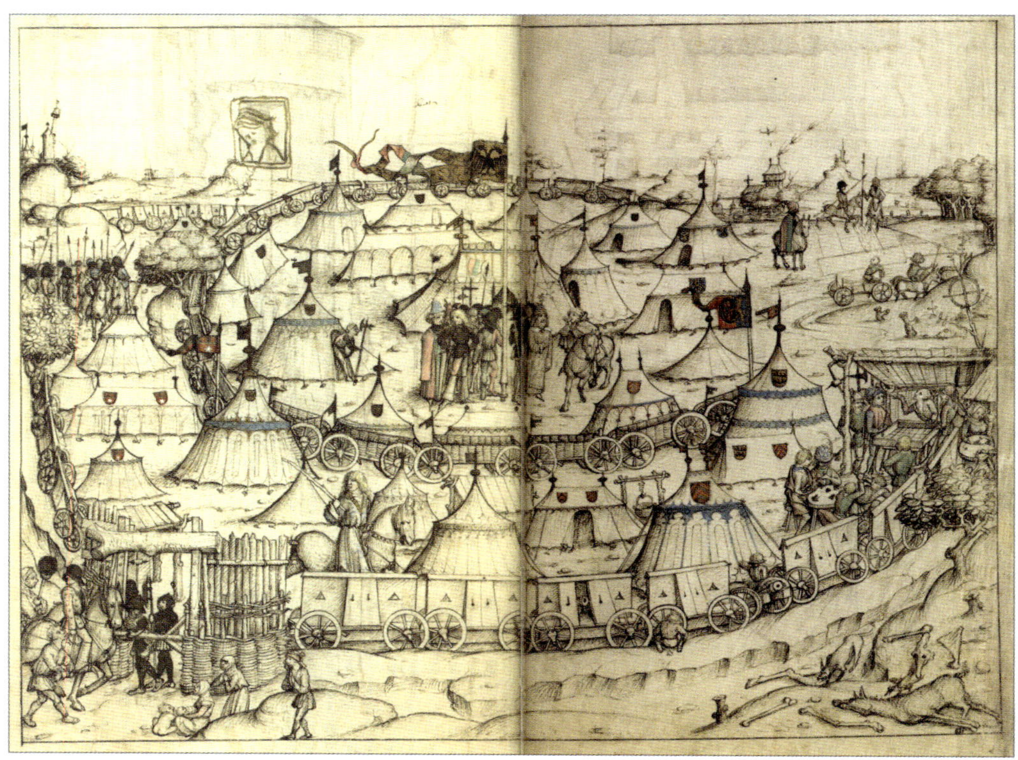

Darstellung eines befestigten spätmittelalterlichen Lagers Die mit Geführten Heerwagen wurden zur Absicherung des Lagers zu einer Wagenburg zusammengefahren. („Venus und Mars. Das mittelalterliche Hausbuch aus der Sammlung der Fürsten von Waldburg Wolfegg“, nach 1480)

Wie bereits erwähnt, hatten auch der Preußische Bund – trotz der wirtschaftlichen Potenz seiner Städte – und der polnische König ebenfalls große Probleme, ihre Söldner zu bezahlen. Nachdem das böhmische Kontingent mehrfach bei der Auszahlung seiner 40.000 Gulden vertröstet worden war, zogen die Truppen Johanns von Zampach, Kapaun von Smirice und Jan Rezek von Kruschow nach Krakau und sagten dem polnischen König die Fehde an. Es handelte sich hierbei mehrheitlich um Taboriten – einem radikalen Zweig der Hussiten. Die Hauptleute waren auf ihren Sold angewiesen, denn in ihrer Abwesenheit ging der böhmische Landverweser Georg Podiebrad gegen ihre Burgen vor, eroberte mehrere davon und ließ etliche ihrer Verbündeten aufhängen. Weil Kasimir ihnen die Auszahlung des Geldes nach wie vor verweigerte, bildeten diese nun tatsächlich vollkommen entwurzelten Elemente den Bund der Zebraken (Bettler) und zogen sich in die Karpaten zurück. Von ihren Raubnestern führten sie jahrelang einen Kleinkrieg gegen Polen und konnten mehrere große Heere zurückschlagen. Erst nachdem Kasimir einige der Hauptleute doch noch auszahlte, konnte er ihre Zahl verringern und das Problem schließlich in den Griff bekommen.[139]

Die Übergriffe der Söldner führten schließlich zu sehr paradoxen Vorfällen. Im Frühjahr 1456 vertrieben die Bürger der Stadt Löbau die polnische Garnison aus der Stadt und der Burg. Der Hochmeister bot der Stadt daraufhin an, sie unter seinen Schutz zu nehmen, was der Rat jedoch ablehnte. Stattdessen erklären die Stadtväter, dass man sich nach wie vor dem Eid an den polnischen König gebunden fühlte. Löbau wollte sich lediglich von seinen Einquartierungslasten befreien.[140]

Als den bündischen Söldnern vor Marienburg und Stuhm der Sold über mehrere Wochen nicht ausgezahlt werden konnte, machte sich Unruhe unter ihnen breit. Die Böhmen forderten vom Bund zusätzlich Geld, um etliche ihrer in den vielen Scharmützeln in Gefangenschaft geratenen und auf der Marienburg festgesetzten Kameraden zu befreien. 1457 musste die polnische Armee die Belagerung von Mewe abbrechen, da aufgrund der ausbleibenden Soldzahlungen eine Meuterei unter den eigenen Söldnern ausgebrochen war.

Die städtischen Aufgebote waren zwar nicht von Soldzahlungen abhängig, reagierten aber empfindlich, sobald die Versorgungslage knapp wurde. Als im Sommer 1454 die Vorräte im Belagerungsheer vor Marienburg knapp wurden, zogen daher mehrere Danziger Kontingente ab.[141] Doch auch die Danziger Söldner ließen sich im ersten Kriegsjahr schwer bei der Stange halten. Da der Orden einen höheren Sold zahlte (ein Reiter erhielt pro Woche drei Gulden, der Bund zahlte nur zwei), wechselten viele Bundessöldner die Seiten.[142]

Aufgrund seiner immer angespannteren wirtschaftlichen Lage griff der Orden in der zweiten Kriegshälfte 1461 zunehmend auf städtische und bäuerliche Aufgebote zurück. So berichtet der Danziger Chronist Johannes Lindau, wie die Besatzung von Mewe am 31. Dezember

139 *Vgl.:* Ebd., *S. 133–134.*

140 *Vgl.:* Voigt: *Geschichte Preußens, S. 474–475.*

141 *Vgl.:* Voigt: *Geschichte Preußens, S. 393-394, 540.*

142 *Vgl.:* Hoburg: *Danzig während der Belagerung Marienburgs, S. 180, 196.*

1458 einen polnischen Söldnerhaufen attackierte. Die Ordensbesatzung *„ruckten aus mit ic* [100] *reisigen und eczlichen drabanten und nomen die pauer do umbelangk zcu hulffe.“*[143] Zwar gelang es dem Orden damit erfolgreich, eine größere Zahl von Männern ins Feld zu stellen, allein ihr Kampfwert war äußerst begrenzt, wie sich bei der Belagerung von Frauenburg 1461 und der Schlacht bei Schwetzin 1462 zeigte.

Spielten die städtischen Aufgebote im großen Krieg 1410 noch eine gehobene Rolle, so war das Vertrauen des Ordens in die Bewaffnung der eigenen Bevölkerung danach spürbar zurückgegangen, was nicht zuletzt am selbstbewusster werdenden Auftreten der einheimischen Stände lag. Vor Beginn des Dreizehnjährigen Krieges war den Bürgern das Tragen von Waffen in den Ordensstädten untersagt. Nach Kriegsausbruch änderte sich die Lage. In vielen ordenstreuen Städten wurde die Bürgerschaft wieder bewaffnet und die Bürgermeister übernahmen oftmals auch die militärische Leitung des städtischen Aufgebots. Bartholomäus Blume aus Marienburg liefert hierfür das prominenteste Beispiel. Die Dienstpflicht der Bürgerschaft wurde nun auch rigoros eingefordert. So belegte der Orden jeden Bürger der Stadt Löbau, der sich nicht an einem Ausfall beteiligen wollte, mit einem Bußgeld von vier Schilling.[144]

WAFFEN UND WAFFENGEBRAUCH

Die Anwerbung von Söldnern erfolgte meist in Form kleiner Gruppen. Eine vertragliche Grundeinheit bildete die sogenannte „Glefe“. Ursprünglich beschrieb die Glefe eine Stangenwaffe mit einem maximal 2,5 Meter langen Schaft, einem gebogenen Schneideblatt und einem Haken oder Sporn, mit dem Reiter vom Pferd gezogen und Panzerbleche durch einen Hieb durchstoßen werden konnten. Am Ende des 14. Jahrhunderts verstand man darunter auch kleine militärische Formationen von bis zu zehn Personen. Bis zur Mitte des Jahrhunderts verlor der Begriff der „Glefe“ seine Bedeutung. In den Chroniken zum Dreizehnjährigen Krieg ist er allerdings als Bezeichnung für Söldnergruppen noch recht oft zu finden. Meist handelte es sich dabei um niedere Adlige oder einfache Ritter mit einer Reihe von Knechten. Ein anderer gängiger Terminus ist der der „Rotte“, der ebenfalls keine bestimmte Anzahl von Söldnern umschreibt. Anführer einer solchen Gruppe wurden schlicht „Rottmeister“ genannt.[145]

Dabei ist auch der Begriff der Rotte schwer zu fassen. Im Hochmittelalter war er eher negativ konnotiert und umschrieb eine „Zusammenrottung“ von Fußvolk. Im Spätmittelalter konnten damit sehr wohl aber auch Reiter gemeint sein. Dagegen wurde die „Rotte“ auch verstärkt als Bezeichnung für gleich starke Gruppen von Fußknechten genutzt, die von einem Hauptmann oder Rottmeister „rottiert“ werden konnten.[146] Auch der „Reisige“ tritt in den Quellen des Dreizehnjährigen Krieges oft in Erscheinung. Ursprünglich wurden die Dienstleute und Knechte eines Ritters so benannt, zur Mitte des 15. Jahrhundert jedoch vor allem Söldner. Abgeleitet wurde das Wort von „Reise“ im Sinne der saisonalen Kriegsfahrt.

So unterschiedlich, wie diese Gruppen aufgebaut waren, so bunt war auch ihre Bewaffnung zusammengesetzt. Obwohl sich nur wenige Jahrzehnte vor dem Aufstand des Preußischen Bundes, während der Hussitischen Revolution, die Überlegenheit gut bewaffneter und geschlossen agierender Infanterie gegenüber Reiterei offenbart hatte, zeigt die Zusammensetzung des Heeres von Zinnenberg und Herzog Rudolf, dass zu Beginn des Dreizehnjährigen Krieges zunächst dem berittenen Söldner wieder die wichtigste Rolle auf dem Schlachtfeld eingeräumt wurde. Zu dieser Zeit waren die wohlhabenderen Reiter in vollständische Plattenharnische gekleidet. Die Schaller hatte inzwischen die Hundsgugel als dominierende Helmform abgelöst. Während die italienischen Schallern der Frührenaissance meist antiken Vorbildern nacheiferten und das Gesicht freiließen, besaßen die deutschen Modelle einen lang gezogenen Nackenschirm und bedeckten auch die Wangenknochen. Zum Schutz der unteren Gesichtshälfte wurde ein sogenannter Bart getragen, der meist am Bruststück der Rüstung ansetzte. Der Reiterschild war im Laufe des Spätmittelalters immer kleiner geworden. In der Mitte des 15. Jahrhunderts verzichteten viele Ritter vollständig auf ihn. Im baltischen Raum war die Tartsche, eine kleine Form der Pavese aus Holz mit Rückengrat und einer Einkerbung zum Einlegen der Lanze, noch anzutreffen. In den im 15. Jahrhundert vermehrt auftauchenden Fechtbüchern werden Reiter allerdings generell ohne Schild abgebildet, was deren zunehmenden Bedeutungsverlust im Kampf unterstreicht.[147]

Die böhmischen Reiter hatten einen guten Ruf als erfahrene Kämpfer. In der Regel wurden einzelne Adlige von größeren Soldunternehmern in Haufen versammelt. Diese Haufen unterteilten sich in Gruppen, die sich aus dem Gefolge der einzelnen Adligen zusammensetzten. Manche kamen allein, in der Regel folgten ihnen jedoch ein oder mehrere als Schützen bezeichnete Knechte. 1460 stellte der böhmische Söldnerführer Jan Calta von Kamenná Hora eine Reiterabteilung von 384 Mann für den Herzog von Bayern auf. Diese unterteilte sich in 105 Gruppen, von denen die größten 13 Mann umfassten. Ganze 290 Reiter, also etwa drei Viertel, waren mit Armbrüsten bewaffnet. Auch die Hälfte der adligen Gruppenführer trugen Armbrüste. Uwe Tresp geht davon aus, dass diese Bewaffnung eine Reaktion auf den Bedeutungsverlust der Lanzenreiter durch die hussitische Wagenburg darstellt.[148] Die Soldbücher des Ordens sind in Bezug auf die Aufzählung von Ausrüstung weniger detailliert. Meist listen sie lediglich den Namen und den Besitz eines Pferdes sowie das entgegengenommene Handgeld auf.[149] So heißt es auf einem der Soldzettel beispielsweise: *„Her Caspar Nostitz mit seyn geselschafft hat vic xl* [640, Anm. d. A.] *pferd an Resigen* [...] *auch*

143 *Zit.: SS. rer. Pruss., S. 550.*

144 *Vgl.:* Bujack: *Das Söldnerwesen, S. 725–726.*

145 *Vgl.:* Bujack: *Das Söldnerwesen, S. 721;* Tresp: *Söldner aus Böhmen, S. 375–376, 381.*

146 *Vgl.:* Tresp: *Söldner aus Böhmen, S. 376.*

147 *Vgl.:* Walczak: *Fighting on horseback, S. 49;* Ortenburg: *Waffen, S. 27–35.*

148 *Vgl.:* Tresp: *Söldner aus Böhmen, S. 378–379, 382.*

149 *Vgl.: GeStaPK XX OF 265 2 Soldbücher; GeStaPK XX OF 264 Soldzettel.*

Inventare der auf den Deutschordensburgen befindlichen Armbrüste und Büchsen um das Jahr 1450 nach dem Großen Ämterbuch[152]

Burg	Jahr	Armbrüste und Windenarmbrüste	Büchsen	Lotbüchsen	Steinbüchsen
Königsberg	1440	703, 14 Windenarmbrüste		17	18
Tapiau	-	-	-	-	-
Heilsberg	-	-	-	-	-
Ragnit	-	-	-	-	-
Windau	-	-	-	-	-
Insterburg	1446	16	-	5	3
Gerdauen	-	-	-	-	-
Elbing	1446	540	1 Tarrasbüchse	60	11
Holland	1446	120	-	4 und 7 Handbüchsen	7
Ortelsburg	-	-	-	-	-
Christburg	1442	38	-	88	8
Balga	1441	42	-	9	9
Johannesburg	-	-	-	-	-
Rhein	-	-	-	-	-
Rastenburg	1447	30	-	5	4
Seesten	1441	6	-	6	1
Bartenstein	1441	97	-	1	8
Ylaw	-	-	-	-	-
Brandenburg	1447	241	-	9	6
Barthen	-	-	-	-	-
Ragnit	1447	210	-	21	10
Tilsit	1447	-	-	5	3
Labiau	1447	4	-	-	-
Memel	1447	50	6 Tarrasbüchsen	10	8
Osterode	1449	159	-	15 Handbüchsen	4
Soldau	1449	-	5 Tarrasbüchsen	8	-
Neidenburg	1449	46	-	6 Haken- und Handbüchsen	8

drabant.“[150] Der Zettel listet zwar im Folgenden neben dem empfangenen Sold auch Schadensgelder auf, weist aber nicht aus, wofür diese gezahlt wurden.

Vollständige Harnische finden sich in den Quellen über Caltas Gruppe ebenfalls nur selten. Lediglich 45 Mann – vermutlich die adligen Söldnerführer – wurden von der bayerischen Musterungskommission als Harnischführer verzeichnet. Kettenhemden und Lederkoller machten den Großteil der Schutzkleidung aus, dazu kamen vereinzelt Eisenhandschuhe, Knie- oder Ellbogenstücke. Als Helm wird des Öfteren eine „Lebka“ genannt, vermutlich eine böhmische Form der Beckenhaube. Eisenhüte wurden fast ausschließlich von Knappen getragen.[151]

Die Ausrüstung der Fußknechte fiel dagegen viel einfacher aus, sowohl aufgrund der horrenden Kosten einer vollen Plattenrüstung als auch aus Gründen des hohen Gewichts und der eingeschränkten Beweglichkeit. Oftmals beschränkte sich die stählerne Ausstattung auf einen Helm, wobei die Schaller zu dieser Zeit auch beim Fußvolk gegenüber dem lange Zeit sehr beliebten Eisenhut in all seinen Variationen mehr an Bedeutung gewann. Mitunter wurden zum Schutz des Körpers Harnische oder Kettenhemden getragen, wobei die hohen Kosten hierfür die Vermutung nahelegen, dass viele Söldner erst im Laufe der Zeit das nötige Geld dafür aufbringen konnten oder diese Gegenstände im Kampf erbeuteten. Gängiger waren Brigantinen, bei denen mehrere Metallplättchen auf eine Lage Stoff genietet wurden. Die außen sichtbaren Nieten hatten oftmals eine Zierfunktion.[153]

In seiner Bewaffnung teilte sich das Fußvolk in Stangenwaffenträger und Schützen. Im mittel- und osteuropäischen Raum besaßen langschäftige Piken, wie sie die Schweizer, Flamen und Schotten bereits verwendeten, noch keine Bedeutung. Stattdessen war das Fußvolk mit

150 *Zit.: GeStaPK XX OF 264 Soldzettel, Bl. 9.*

151 *Vgl.: Tresp: Söldner aus Böhmen, S. 380.*

152 *152 Vgl.: Ebd., Beilage 1.*

153 *Vgl.: Ortenburg: Waffen, S. 32.*

Burg	Jahr	Armbrüste und Windenarmbrüste	Büchsen	Lotbüchsen	Steinbüchsen
Brathean	1447	33	-	17	4
Strasburg	1447	120	8 kleine Büchsen	6 Handbüchsen	7
Gollub	1449	35	-	4	5
Schönsee	1446	15	9 Tarrasbüchsen	-	6
Thorn	1446	-	1 Tarrasbüchse	14	3 große Büchsen, 7
Birgelow	-	-	-	-	-
Althaus	1450	39	-	12	2 große Büchsen
Papau	1440	17	5 Tarrasbüchsen	-	5
Leipe	-	-	-	-	-
Roggenhausen	1448	24	-	27 Handbüchsen	7
Reden	1449	28	-	4	4
Engelsburg	-	-	-	-	-
Graudenz	1447	73	1 Tarrasbüchse	-	8 kleine und große Büchsen
Schwetz	1440	137	-	6	4
Tuchel	1438	53	2 Tarrasbüchsen	24	5
Schlochau	1438	221	-	32	9
Schievelbein	-	-	-	-	-
Bütow	-	-	-	-	-
Danzig	1446	375	10, 1 Tarrasbüchse	50	3 große Büchsen
Dirschau	1446	10	-	11	6
Mewe	1446	169	-	42	10 große und kleine Büchsen
Vogtei in Gotland	-	-	-	-	-
Neumark	1443	83	-	24	4
Gesamt		**3.748, davon 14 Windenarmbrüste**	**50, 27 Tarrasbüchsen**	**549, 61 Handbüchsen**	**207**

verschiedenen kurzstieligen Stangenwaffen mit einer Länge von maximal drei Metern ausgestattet, wobei Blattwaffen, wie die Helmbarte oder die Glefe wohl am weitesten verbreitet waren. Dazu kamen Spieße, die neben einer langstieligen Spitze meist auch einen oder zwei Haken besaßen. Von dieser Waffe leiteten sich diverse, auch heute noch gängige Bezeichnungen für den frühen Söldnertypus ab: *Spießer*, *Spießgesellen*, *Spieß-* oder auch *Spitzbuben*. Als Sekundärbewaffnung dienten Schwerter und Dolche. Gerade bei den böhmischen Söldnern spielten Stangenwaffen – anders als zur Hussitenzeit – nur noch eine nachgeordnete Bedeutung. Sie waren mehrheitlich mit Armbrüsten bewaffnet.[154]

Der Bogen war auf den Schlachtfeldern des Dreizehnjährigen Krieges nur noch selten anzutreffen. Die Armbrust war die dominierende Fernwaffe. Feuerwaffen in Form einfacher Stab- und Hakenbüchsen hatten zwar auch Einzug in die spätmittelalterlichen Arsenale gehalten, spielten aber für die Heere des Ordens und des Bundes nicht die gleiche Rolle wie noch einige Jahre zuvor für die Hussiten.

Im Gefecht zielten Armbrustschützen vor allem auf die Pferde von Reitern, da diese eine größere Trefferfläche boten und auch verwundbarer waren als die zunehmend besser gerüsteten Ritter. Dafür verwendeten sie Bolzen mit sehr breiten Spitzen, die große und stark blutende Wunden verursachten. Doch ein gutes Pferd war durchaus in der Lage, mehrere Bolzenwunden unbeschadet zu überstehen.[155] So heißt es in einem Bericht über eines der vielen Scharmützel des Krieges *„...und des von Zcinnenberge pfert bleib och mitte tott, went im waren mer dan 40 pfeile in den leib geschossen.“*[156] Entsprechend hoch waren die Schadensersatzgelder, die für verlorene Schlachtrösser gezahlt wurden – bis zu 120 Gulden! Dies berichtet der Chronist der „Geschichte von wegen eines Bundes“. Demnach war bei der Belagerung der

154 *Vgl.:* Tresp: *Söldner aus Böhmen, S. 393;* Tresp: *Böhmen als Söldnermarkt, S. 43.*

155 *Vgl.:* Ekdahl: *Das Pferd, S. 39.*

156 *Zit.: SS. rer. Pruss, S. 548.*

Marienburg 1454 „*im garten by des gartmeisters gemach ward geschossen ein wysser henckst under einem spieser* [...] *Derselbe hengst was geschatzett uff Ic und XX* [120, Anm. d. A.] *guldin.*“[157]

Der Einsatz der Armbrust hatte im Deutschordensstaat eine lange Tradition. Tatsächlich begründete diese Waffe zusammen mit dem Einsatz schwerer Reiterei und dem Bau steinerner Burgen die militärische Überlegenheit des Ordens in diesem Raum. Seit dem 13. Jahrhundert besaßen Armbrüste statt einfacher Holzarme solche aus Kompositmaterial, die aus Horn, Fischgräten und Holz zusammengeleimt wurden und eine Spannkraft von bis zu 150 Kilogramm erreichten. In den frostigen Wintern konnte diese sich sogar noch weiter erhöhen. Im 15. Jahrhundert kamen schließlich stählerne Arme auf, die eine Zugkraft von bis zu 500 Kilogramm erreichen konnten. Diese mussten mithilfe von Winden gespannt werden. Allerdings waren die Stahlarme im kalten Wetter sehr anfällig. Berittene Truppen führten aufgrund der komplizierten Art des Nachladens weiterhin die Kompositarmbrüste.[158] Gespannt wurden die Ordensarmbrüste meist unter Zuhilfenahme eines geißfußartigen Hebels, der auch Wippe genannt wurde, weswegen diese Waffen in Inventarlisten auch als „Wipparmbrüste“ geführt werden. Dagegen hatte die „Stegreifarmbrust“ vorn einen steigbügelähnlichen Ring, in den der Schütze seinen Fuß setzte, während die Sehne in einen oder mehrere am Gürtel befestigte Haken gelegt wurde. Mittels Durchdrücken des Beines konnte die Waffe gespannt werden. Die in Westeuropa inzwischen weitverbreitete Windenarmbrust, die mit einer Hebelwinde gespannt wurde, war dagegen in Preußen immer noch selten anzutreffen.[159]

In vielen Ordensburgen gab es eigene „Schnitzhäuser“ zur Herstellung von Armbrüsten. Aber auch die größeren Städte produzierten diese Waffen für ihre Zeughäuser und den Export. Zu Beginn des 15. Jahrhunderts existierten nachweislich 18 Schnitzhäuser auf Ordensburgen. Sven Ekdahl geht davon aus, dass diese zu den bedeutendsten Produktionsstätten für Armbrüste in ganz Europa zählten. In den Arsenalen des Ordens lagerten zeitweilig schätzungsweise 4.500 Armbrüste und eine halbe Million Bolzen. Allerdings ging sowohl die Zahl der Schnitzhäuser als auch der in Zeughäusern verwahrten Waffen nach 1410 drastisch zurück.[160]

In der Schlacht eröffneten die Armbrustschützen den Beschuss durch indirektes Schießen auf große Distanz. Dabei spielte vermutlich Treffgenauigkeit eine geringere Rolle als die Wirkung eines dichten „Geschoßhagels“. Dessen Wirkung wurde durch die Verwendung sogenannter „Heulbolzen“ erhöht. Diese waren so konstruiert, dass das ohnehin schon laute, pfeifende Geräusch eines herannahenden Pfeils noch erhöht wurde. Mit ihrer Hilfe sollten vor allem feindliche Pferde erschreckt werden. In den Arsenallisten des Ordens wurden sie auch als „Bremsen“ bezeichnet, was darauf schließen lässt, dass das Geräusch eher einem tiefen Brummen entsprach. Pfeile und Bolzen waren teuer und wurden deswegen nach Gefechten oft wieder eingesammelt.[161]

Auch bei Belagerungen hatte die Armbrust gegenüber dem Bogen einen entscheidenden Vorteil. Der Schütze musste keine Kraft aufbringen, um die Waffe gespannt zu halten, was ihm mehr Zeit zum Zielen gab. Einfache Steigbügelarmbrüste in dieser Zeit wogen zwei bis vier Kilo, ließen sich also gut handhaben. Erst mit der Einführung von Stahlarmen nahm auch das Gewicht der Armbrüste zu.[162]

Gerade zu Beginn des Krieges herrschte auf beiden Seiten ein großer Mangel an gut ausgebildeten Armbrustschützen. Im Sommer 1454 teilte der Befehlshaber des Danziger Heeres vor Marienburg mit, es wäre ihm lieber, die Stadt schicke ihm 100 Armbrustschützen als weitere 300 Spießträger. Zudem bemängelte er die Qualität der gelieferten Bolzen, die für die im Feld verwendeten Armbrüste zu schwach seien.[163] Überhaupt scheinen Armbrustschützen für die Kriegsführung dieser Zeit eine größere Bedeutung besessen zu haben als Spießträger. Denn neben kleineren Scharmützeln, für die vor allem die Reiterei eine Rolle spielte, bestand der Kriegsalltag aus langwierigen Belagerungen. Und für diese Form des Kampfes war die Armbrust nachvollziehbarerweise besser geeignet als der Spieß.[164]

Eine herausgehobene Stellung im Fußvolk nahmen Pavesenträger ein. Die Pavese – ein mannshohes Setzschild – sollte Lücken in der Wagenburg schließen oder diente Armbrustschützen während einer Belagerung als Deckung. Musterlisten böhmischer Söldnertruppen im süddeutschen Raum zeigen, dass in der Regel auf zehn bis 15 Trabanten ein Pavesenträger kam. Diese erhielten aufgrund der herausgehobenen Gefahr ihrer Tätigkeit nicht nur mehr Sold, sondern waren auch besser bewaffnet und trugen neben Eisenhüten und Lederkollern auch Brustbleche, verschiedene Harnischteile oder Mäusel (Ellbogenkacheln). Oftmals handelte es sich beim Pavesenträger auch um den Rottmeister. Diesen wurde – nicht zuletzt als Statussymbol – ein Rottmeisterpferd bewilligt.[165]

157 *Zit.:* Ebd., *S. 119; vgl.:* Bujack: *Das Söldnerwesen, S. 727.*

158 *Vgl.:* Ekdahl: *Horses and Crossbows, S. 139–142.*

159 *Vgl.:* Rathgen: *Die Pulverwaffe im Deutschordensstaate, S. 96–97.*

160 *Vgl.:* Ekdahl: *Horses and Crossbows, S. 143–145;* Jähnig: *Organisation, S. 67.*

161 *Vgl.:* Ekdahl: *Horses and Crossbows, S. 145–147;* Bujack: *Das Söldnerwesen, S. 726.*

162 *Vgl.:* Ekdahl: *Horses and Crossbows, S. 145–147.*

163 *Vgl.:* Hoburg: *Danzig während der Belagerung Marienburgs, S. 194.*

164 *Vgl.:* Tresp: *Söldner aus Böhmen, S. 394.*

165 *Vgl.:* Ebd., *S. 392–393.*

Ordenssöldner mit Armbrust. Obwohl leichte und handliche Feuerrohre im 15. Jahrhundert zunehmend an Bedeutung gewannen, blieb die Armbrust im Deutschordensland die beliebteste Fernwaffe. Diese bereits mit Stahlarmen versehene Waffe musste mit einer Winde gespannt werden, wozu der Schütze mit dem Fuß in den am vorderen Ende befindlichen Bügel stieg. Der hier gezeigte Söldner ist nur leicht gepanzert. Er trägt einen altmodischen Eisenhut, der damals auch beim einfachen Fußvolk vermehrt von der Schaller abgelöst wurde, und einen Dussack.

Der Dreizehnjährige Krieg wurde vor allem durch die zahllosen Belagerungen der preußischen Städte geprägt. Hierfür spielten schwere Geschütze bereits eine größere Rolle als Katapulte. Danzig als größte und reichste Stadt des Bundes verfügte über ein umfangreiches Arsenal und wurde immer wieder von Bundesstädten um Kanonen für Belagerungszwecke gebeten. Im Februar 1454 schickte die Stadt eine große Büchse nach Preußisch Holland, das sich zuvor erfolglos an den Rat von Elbing gewandt hatte. Die Stadt Bütow bat im März desselben Jahres um vier der größten verfügbaren Schiffsbüchsen und sechs Lotbüchsen. Aus dem bündisch-polnischen Belagerungsheer, das Konitz eingeschlossen hielt, erging im Mai die Bitte an Danzig, Schwefel, Bernstein und Pulver zu schicken. Daraus sollten Feuerpfeile hergestellt werden, mit denen die Stadt in Brand geschossen werden konnte. Andere Städte, wie Braunsberg, baten um die Überstellung erfahrener Büchsenmacher, die vor Ort Kanonen gießen sollten. Aber auch Büchsenmacher aus dem Reich boten ihre Dienste nun vermehrt der Hansestadt an, um Kanonen herzustellen. So wandte sich ein Gießermeister, Hans aus Frankfurt an der Oder, am 2. Februar 1454 an den Rat der Stadt und bot die Herstellung von Geschützen aller Kaliber an. Als Beweis seines Könnens legte er mehrere Zeichnungen bei.[166] Zwar fanden auch Katapulte bei Belagerungen nach wie vor Verwendung, aber der Dreizehnjährige Krieg war bereits ein Krieg moderner Artillerie.

Neben den Städten war es wiederum die Marienburg, die eine der wichtigsten Gießereien des Ordens beherbergte. Das „Gießhaus“ befand sich in der Vorburg und wurde sowohl als Produktionsstätte für Kirchenglocken und Kochkessel als auch für Kupfer- und Bronzekanonen genutzt. Bernhard Rathgen geht davon aus, dass Kupfer in der ersten Hälfte des 15. Jahrhunderts noch wesentlich öfter beim Kanonenguss Verwendung fand als die beständigere Bronze. Nach dem Krieg von 1410 wurde die Produktion von Geschützen erheblich gesteigert. In den Inventaren der Ordensburgen finden sich vor allem zwei gängige Bezeichnungen, nämlich Lotbüchsen, also kleinere Geschütze, die Bleikugeln verschossen, und die wesentlich größeren Steinbüchsen. Für die Herstellung der Munition dieser größeren Kanonen wurden auf der Marienburg extra Büchsensteinhauer angestellt.[167] Auch Pfeile fanden als Geschosse nach wie vor Verwendung. So listet ein Inventar in Osterode 1449 *„eyne tonne mit pfeylen, die man mit bochsen scheust.“*[168]

Hinterladergeschütze finden sich ebenfalls vereinzelt in den Arsenalen von Ordensburgen wieder. So weisen Inventare 1447 in der Burg Memel *„1 steynbochse mit 3 kamern“*, 1450 in Schlochau *„9 steynbuchsen, 8 kamern czu buchsen“* und 1448 auf der Marienburg *„22 hantbuchsen mit 39 Kammern“* nach. Diese Hinterladergeschütze wurden fast alle aus Kupfer oder Bronze gegossen[169]

Wagen und Wagenburgen spielten, wie bereits geschildert, nicht die gleiche schlachtentscheidende Rolle wie in den Hussitenkriegen, wurden aber dennoch sehr oft genutzt. Allein schon aufgrund der geringeren Heeresstärken waren die Wagenparks wesentlich kleiner. So berichten die Danziger Chroniken, dass das Heer Bernhards von Zinnenberg im Oktober 1457 aus etwa 600 Reitern und 300 Fußknechten bestanden habe *„Und furten mit sich wol uber wol XXX wagene.“*[170] Damit käme ein Wagen auf zehn Fußknechte. Allerdings vertrauten auch kleinere Heerhaufen aus Fußsoldaten immer wieder darauf, ihre Proviantwagen zu einer Wagenburg zusammenzufahren und so den Angriff von Reitertruppen abzuwehren. Dabei wurden natürliche Hindernisse gern miteinbezogen. Die „Geschichte wegen eines Bundes“ berichtet beispielsweise über ein kleines Gefecht zwischen berittenen Ordenssöldnern und Danziger Fußtruppen 1454: *„Also komen gen tage Hans vom Walde, Johann vom Wege mit XXIIII wagen und Ic* [100, Anm. d. A] *drabanten dobey, und der groff ward irer gewar im dorffen Traheym genant bey dem Lesken gelegen, und do sy merckten, das etlych von des ordens teyl uff sy hieltten, schlugen sy einne wagenburg, so dy ussem dorffe komen, an der landtwere mit dem graben uff der andern seiten. Also trang der Graf vom Hohnsteyn zu inen in die wagenburg mit siner macht, dorus sy inen wol zu trey molen mit boleschen schlugen und sine pferde wundeten, halff gott, das er wider an die wagenburg zoge und inkam und erschlug ir vyl dorinen.“*[171] In den langen Wintermonaten wurden auch Schlitten in großem Umfang für Transportzwecke eingesetzt. Die Danziger Chroniken berichten, wie Bernhard von Zinnenberg im Januar 1458 die Stadt Marienberg von Kulm her mit Lebensmitteln versorgte: *„do quomen in die stat Marienburgk eczliche der creuzhern soeldner* [...] *und ouch her Bernt von Zcinnenberge vom Colmen mit iM* [1.000, Anm. d. A.] *Reisigen und eczlichen drabanten mit vielen schlitten und speiseten dieselbige stat.“*[172] Derselbe Chronist weiß auch von einem Raubzug durch Ordenssöldner im kleinen Werder im Februar 1465 zu berichten: *„...und puchten das aus und furten alles fleisch, speck, esselsspeisse, rocken, haber und futter, wes sie nicht vorzceren und vorthun kunden und der leutte kleider und gerete mit schlitten aus dem Werder gen Stargart.“*[173]

166 *Vgl.:* Hoburg*: Danzig während der Belagerung Marienburgs, S. 210–211.*

167 *Vgl.:* Jähnig*: Organisation, S. 66–67;* Rathgen*: Die Pulverwaffe im Deutschordensstaate, S. 11, 51–60.*

168 *Zit.:* Rathgen*: Die Pulverwaffe im Deutschordensstaate, S. 18.*

169 *Vgl.:* Ebd.*, S. 13–14.*

170 *Zit.: SS. rer. Pruss., S. 549.*

171 *Zit.: SS. rer. Pruss, S. 134–135. „Also kamen Hans von Walde, Johann von Wege mit 24 Wagen und 100 Trabanten herbei und der Graf wurde ihrer gewahr im Dorfe Traheym genannt, bei Leskau gelegen, und wie sie merkten, dass etliche aus des Ordens Abteilung auf sie zu hielten, errichteten sie, als sie aus dem Dorf kamen, eine Wagenburg an der Landwehr mit dem Graben auf der anderen Seite. Also drang der Graf von Hohenstein mit seiner Macht in ihre Wagenburg ein, woraus sie ihn drei Mal mit Bolzen zurückschlugen und seine Pferde verwundeten, doch mit Gottes Hilfe zog er wieder gegen die Wagenburg, drang in sie ein und erschlug viele von ihnen darin.“*

172 *Zit.:* Ebd.*, S. 551. „Da kamen in die Stadt Marienburg etliche der Kreuzherren Söldner ... und auch Herr Bernhard von Zinnenberg von Kulm mit 1.000 Reisigen und etlichen Trabanten mit vielen Schlitten und versorgten die Stadt.“*

173 *Zit.:* Ebd.*, S. 619. „und plünderten das Land aus und führten alles Fleisch, Speck, Edelspeise, Roggen, Hafer und Futter, was sie nicht verzehren und fortschaffen konnten und der Leute Kleider und Geräte mit Schlitten aus dem Werder nach Stargard.“*

DER FELDZUG IN OSTPREUSSEN 1454 BIS 1457

Während der Krieg in Westpreußen nach dem Entsatz der Marienburg wie geschildert zum Erliegen kam, erholte sich der Preußische Bund im östlichen Teil des Landes sehr schnell von der Niederlage bei Konitz. Im Herbst 1454 zog ein etwa 300 bis 400 Mann starkes Söldnerheer in die Umgebung von Osterode, das gerade erst wieder dem Orden in die Hände gefallen war. Gilgenburg und Soldau wurden derweil vom Bund zurückerobert, während kleine Aufgebote aus Mohrungen und Preußisch Holland den Ort Liebmühl eingeschlossen hielten und noch im selben Jahr zu Fall brachten.[174]

Nachdem im Winter 1454/55 neue Söldnerscharen unter Herzog Balthasar von Sagan in Preußen eingetroffen waren, hoffte der Hochmeister mit ihrer Hilfe den Krieg im Osten des Landes wieder in Schwung zu bringen. Unter dem Befehl der Söldnerführer Georg von Schlieben und Bot von Eilenburg rückte ein kleines Heer auf Soldau vor. Burg und Stadt ergaben sich nach einer kurzen Belagerung. Löbau, Mohrungen, Preußisch Holland, Elbing und Mühlhausen widerstanden dagegen dem Ansturm der Ordenssöldner. Das kleine Heer versorgte sich aus dem Land. Die Söldner sogen die Dörfer aus und brachten die Bundesbesatzungen in den genannten Städten in große Schwierigkeiten. Schließlich erschien das Heer vor Frauenburg. Die Stadt wurde eingenommen und niedergebrannt.[175]

Nachdem eine in Elbing tagende Bundesversammlung die finanzielle Situation der Aufständischen stabilisiert und eine allgemeine Kriegskasse eingeführt hatte, versuchte auch der Bund in Ostpreußen, wieder aktiv zu werden. Die Besatzungen von Elbing, Mohrungen und Preußisch Holland, die eben noch den Angriffen Georg von Schliebens widerstanden hatten, schlossen sich zusammen und griffen nun ihrerseits Saalfeld an. Osterode wurde zum wiederholten Mal eingeschlossen und belagert. Aus Neidenburg rückten Bundessöldner auf Soldau vor. Hier kam es zu intensiven Kämpfen, bei denen die Stadt in Flammen aufging. Dennoch konnte sich die Ordensbesatzung halten. Daraufhin wandte sich das Bundesheer Hohenstein zu.[176]

Die allgemeinen Steuern, die der Bund zur Finanzierung seiner Söldner erhob, wirkten sich in Ostpreußen allerdings noch negativer auf die Stimmung der Bevölkerung aus als im Kulmer Land. Der Ordensstaat war hier wesentlich dünner besiedelt. Dörfer und kleine Städte bildeten die Infrastruktur. Aber auch im einzig größeren Zentrum, in Königsberg, regte sich Widerstand. Als die Abgesandten des Bundes auf die Zahlung der Kriegssteuer pochten, verjagte am 24. März 1455 eine aufgebrachte Bürgerschar aus der Königsberger Altstadt den bundestreuen Rat. Die Bürger besetzten die Stadttore und schirmten sich gegen das dem Bund noch treue Kneiphof ab. Die Altstadt erklärte sich daraufhin auch wieder für den Orden und bat um Hilfe aus dem Samland, von wo 300 Ritter und Knechte herbeieilten. Kneiphof wandte sich daraufhin mit Bitte um militärische Unterstützung an den Bund.[177]

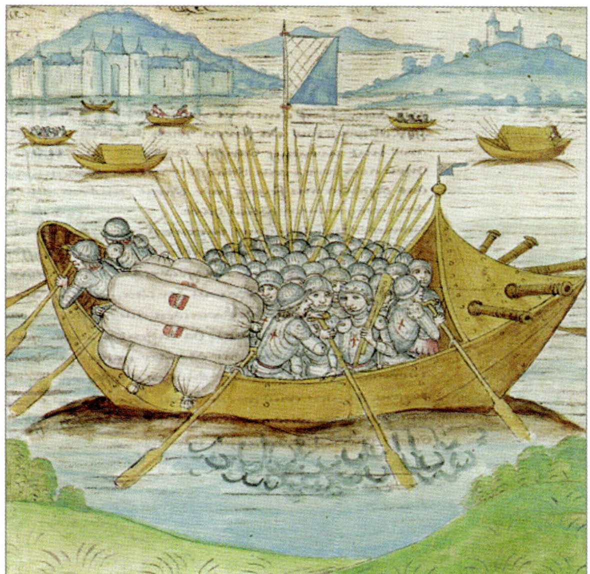

Ein mit Nachschub beladenes Kriegsschiffes aus der Berner Chronik (Diebold Schilling d. Ä.)
Die Darstellung des Schiffes ist sehr vereinfacht und lässt kaum Rückschlüsse auf die tatsächliche Konstruktion im 15. Jahrhundert zu. Dennoch ist klar zu erkennen, dass Schiffe in dieser Zeit bereits mit einfachen Kanonen bestückt waren und sowohl zum Truppen- als auch Nachschubtransport genutzt wurden

Der Hochmeister reagierte jedoch schneller und rüstete ein neues Heer aus. Unter Heinrich Reuß von Plauen versammelten sich insgesamt 2.000 Söldner mit 1.785 Pferden. Kurz nach Ostern brach der Spittler in Marienburg auf. Auf dem Zug nach Königsberg passierte das Heer Mühlhausen, das sich ohne Widerstand dem Orden ergab. Braunsberg hingegen hielt seine Tore verschlossen. Die Ordensreiter drangen in die Vorstädte ein, plünderten sie aus und brannten sie nieder. Nur die ummauerte Hauptstadt hielt aus. Auf die Nachricht von den Zerstörungen ergaben sich jedoch die kleinen Orte Heiligenbeil, Melsak und Zinten ohne Gegenwehr.[178]

Inzwischen hatte Hans Graf von Gleichen bei Brandenburg ein zweites Heer versammelt. Er setzte über das Frische Haff und zog gegen Lochstädt und Fischhausen, die sich ohne Widerstand ergaben. Von Gleichen ließ starke Garnisonen zum Schutz der beiden Orte zurück und marschierte auf Königsberg. Heinrich Reuß von Plauen eroberte auf seinem weiteren Vormarsch Burg und Stadt Kreuzburg und traf am 13. April ebenfalls vor Königsberg ein.[179]

174 *Vgl.:* Voigt: *Geschichte Preußens, S. 411.*

175 *Vgl.:* Ebd., *S. 434.*

176 *Vgl.:* Ebd., *S. 436.*

177 *Vgl.:* Ebd., *S. 437–438.*

178 *Vgl.:* Rautenberg: *Böhmische Söldner, S. 197;* Voigt: *Geschichte Preußens, S. 439.*

179 *Vgl.:* Voigt: *Geschichte Preußens, S. 439.*

Die Altstadt und Löbenicht wurden von den Ordenssöldnern gesichert. Der Stadtteil Kneiphof musste allerdings belagert werden. Die Truppen des Spittlers besetzten zunächst den Haberberg in der Kneiphofer Vorstadt. Daher unternahmen die Belagerten einen Ausfall, um die dortigen Häuser niederzubrennen. Tatsächlich gelang es ihnen, die Ordenstruppen hinter die Pregel zurückzudrängen.[180]

Von Plauen schickte kleinere Kontingente aus, um die Städte Barten und Gerdauen zurückzuerobern. In Kneiphof waren derweil frische Truppen und Nachschub aus Danzig eingetroffen, sodass sich die Stadt weiterhin einer Belagerung widersetzen konnte. Von Plauen war durchaus bereit, den Bürgern Zugeständnisse zu machen, aber sie gingen nicht auf seine Angebote ein. Dagegen versprach er der Bürgerschaft der Altstadt und von Löbenicht, dass der Orden Königsberg weder verpfänden noch in seinen Rechten beschneiden würde – eine wichtige Entscheidung angesichts der Krise im Westen. Das Königsberger Schloss wurde mit einer Garnison besetzt und in Verteidigungszustand gesetzt. Zwar hielt Kneiphof den Belagerern weiterhin stand, dennoch huldigten in den kommenden Tagen auch die samländischen Städte Tapiau, Labiau, Domnau und Eilau dem Hochmeister. Innerhalb weniger Wochen hatte Heinrich Reuß von Plauen die Ordensherrschaft in Ostpreußen fast vollständig wiederhergestellt.[181]

Die Lage für Kneiphof verschlechterte sich immer mehr. Der Spittler ließ seine Söldner erneut auf dem Habersberg aufmarschieren. Die Altstädter schlugen zwei hölzerne Brücken über die Pregel, sodass Kneiphof nun von zwei Seiten attackiert werden konnte. Auf dem Fluss patrouillierten zudem kleine Schiffe, die verhindern sollten, dass Nachrichten die Stadt verlassen oder Nachschub über die Ostsee hineingelangen konnten. Im intensiven Beschuss wurden etliche Häuser demoliert, außerdem gingen bald sämtliche Vorratsspeicher in Flammen auf. Aber trotz aller Sicherungsmaßnahmen gelang es den Bündischen ein weiteres Mal, Nachschub und neue Söldner zu der belagerten Stadt durchzubringen. Da Heinrich Reuß von Plauen gezwungen war, etliche seiner Soldaten als Garnisonen in die zurückgewonnenen Städte zu legen und zudem bündische Söldner immer noch das Hinterland unsicher machten, musste auch er den Hochmeister um weitere Truppen bitten. Immerhin war es ihm gelungen, auch Ragnit und Tilsit zurückzugewinnen, sodass außer Kneiphof nur noch Memel auf Seiten des Bundes stand.[182]

Es war für den Hochmeister jedoch nicht leicht, die geforderten Verstärkungen aufzubringen. Über die Söldner in Pommerellen und im Kulmerland hatte er jegliche Kontrolle verloren, da die Soldzahlungen ausblieben. Im Bistum Pomesanien hatten sie bereits alle Kirchen ausgeplündert, um sich schadlos zu halten. Diese fehlende Kontrolle führte wiederum dazu, dass die zurückgewonnen Städte nicht hinreichend beschützt werden konnten. Im Mai 1455 hatten Bundestruppen das kleine Melsack zurückerobert, die Stadt vollständig zerstört und über 100 Söldner sowie einige Ordensritter gefangen genommen. Ein Großteil der 500 Einwohner war erbarmungslos niedergemetzelt worden oder in der Feuersbrunst, die die Stadt vernichtet hatte, umgekommen. Panisch forderten die Hauptleute des nahen Heiligenbeil vom Hochmeister Verstärkungen an.[183]

Heinrich Reuß von Plauen richtete sich daher in Königsberg auch zur Verteidigung ein. Im Juni 1455 traf ein weiteres Söldnerheer des Herzogs von Sagan, bestehend aus 932 Reitern und 571 Trabanten, vor der Stadt ein.[184] Den Belagerungsring bildeten mehrere Schanzen und Bastionen, die aus dicken Holzbalken gebaut worden waren. Diese richteten sich sowohl gegen Kneiphof als auch das nahe Umland Die Kämpfe waren durch endlose kleine, aber blutige Scharmützel gekennzeichnet. Immer wieder drangen die Schiffe des Ordens gegen die Mauern vor. Johannes Lindau berichtet von einem der unzähligen Kämpfe: „*zcu Konigsbergk der Kneiphof hilt sich gegen dem von Plauen und gegen die aldestadt und iren beylegern wol xii wochen langk und erliden manchen harten sturm und sonderlich so wurden sie mit schiffe und mit weisselkanen* [Weichselkähnen, Anm. d. A.] *die vorbauet woren mit schirmen und mit anderm geczeuge angefachten* [angegriffen, Anm. d. A.], *das sie hert an ire mauer und uff die mauer quomen und anlegeten, und die Kneiphofer schlugen sie alle abe, und schlugen und schossen dem comptor und dem herzcogen vom Sagen, her Balthasar genant, der mitte in der aldenstat mit seinem holcke* [Holck = großer Schiffstyp mit bis zu drei Masten, Anm. d. A.], *vil volcks abe, das das blut aus demselben holcke, den sie angebracht hatten, zcu den speelochern* [Speigatten = Abflusslöcher für Regenwasser und überkommende Wellen, Anm. d. A.] *ausflos und nomen dem herczogen sein heubtbannir.*“[185]

Um die Bündischen endgültig vom Nachschub abzuschneiden, ließ der Spittler schließlich zwei Brücken oberhalb und unterhalb der Stadt über den Fluss schlagen. Diese wurden mit Söldnern besetzt und sollten verhindern, dass Bundesschiffe zu der belagerten Stadt vordrangen. Die Danziger rüsteten eine Flotte aus, die jedoch aufgrund des stürmischen Wetters Probleme hatte, den Fluss hinaufzufahren und bald darauf von den Schiffen des Ordens zurückgeschlagen wurde. Als den Kneiphofern schließlich nach vierzehnwöchiger Belagerung die Lebensmittel- und Munitionsvorräte ausgingen, baten sie den Ordensspittler um Verhandlungen. Kneiphof kapitulierte schließlich am 12. Juli 1455.[186]

Weitere schnelle Siege folgten. Bei Eylau schlug Heinrich Reuß von Plauen ein bündisches Söldnerheer. Rössel kapitulierte vor den Ordenstruppen unter Georg von Schlieben. Auch die bischöfliche Stadt Rößel mit der dazugehörigen Burg ergab sich zu den vom Hochmeister garantierten Bedingungen. Ihnen folgten die Burgen Ortelsburg, Rhein und Seesten.[187]

Anfang August erschienen die Truppen des Spittlers vor Rastenburg und Schippenbeil. Während die Rastenburger

180 *Vgl.:* Ebd., *S. 439–440.*

181 *Vgl.:* Ebd., *S. 440–441.*

182 *Vgl.:* Ebd., *S. 441–442.*

183 *Vgl.: SS. rer. Pruss., S. 117;* Rautenberg: *Böhmische Söldner*, S. 197–198; Voigt: *Geschichte Preußens, S. 442–443.*

184 *Vgl.:* Biskup: *Söldner in den Streitkräften des Deutschordensstaates, S. 63.*

185 *Zit.: SS. rer. Pruss., S. 517.*

186 *Vgl.:* Voigt: *Geschichte Preußens, S. 444–445. Voigt schreibt vom 12. Juli, Biskup vom 14., vgl.:* Biskup: *Söldner in den Streitkräften des Deutschordensstaates, S. 63.*

187 *Vgl.: SS. rer. Pruss., S. 517–518;* Rautenberg: *Böhmische Söldner, S. 199–200;* Voigt: *Geschichte Preußens, S. 445, 454.*

Verhandlungen aufnahmen, sobald sie ihre Vorstädte in Flammen aufgehen sahen, waren die Schippenbeiler durchaus bereit, weiterhin Widerstand zu leisten.[188]

Die militärischen Erfolge von Plauens im Sommer und Herbst 1455 entlasteten den Orden in Ostpreußen zwar erheblich, dennoch verlangten auch die hier eingesetzten Truppen bald ihren Sold. Balthasar von Sagan forderte schließlich vom Hochmeister anstelle des in Gefangenschaft geratenen Ordensmarschalls als Hauptmann von Königsberg, Preußisch Eylau, Heiligenbeil, Kreuzburg, Labiau und des Samlandes eingesetzt zu werden. Erlichshausen holte diesbezüglich den Rat von Plauens ein. Der Ordensspittler riet strikt von einer solchen Verpfändung ab, denn etliche der erwähnten Städte waren nur unter der expliziten Bedingung unter die Herrschaft des Ordens zurückgekehrt, eben nicht verpfändet zu werden. Er selbst versuchte diesbezüglich auf den Herzog einzuwirken, der schließlich von seinen Forderungen Abstand nahm. Stattdessen erhielt er die Balleien Koblenz und Bozen als Pfand.[189]

Im November 1455 gelang es einem kleinen livländischen Aufgebot, auch Memel zurückzuerobern. Die Ordensritter besetzten die Vorstädte und zündeten die Vorburg an. Danziger Schiffe, die mit Lebensmitteln und Truppen der Garnison zu Hilfe eilen wollten, sahen die Rauchsäulen vom Meer aus und machten kehrt. Die Livländer nahmen die Stadt ein und stellten somit die Landverbindung zwischen Preußen und Livland wieder her. Der Herzog von Sagan und Heinrich Reuß von Plauen hofften nun, dass der Landmeister von Livland an der Spitze eines großen Heeres in Ostpreußen einmarschieren würde.[190]

Die Restaurierung der Ordensherrschaft in Ostpreußen sollte nicht zuletzt auch die Bezahlung der hier eingesetzten Söldner sicherstellen. Allerding war die Steuerkraft dieser Gebiete durch die Verheerungen des Krieges stark zurückgegangen. Brachten die drei niederländischen Kammerämter vor dem Krieg beispielsweise 800 Mark an Zinsen ein, so war diese Summe inzwischen auf weniger als 100 Mark zusammengeschmolzen. Dies führte auch hier dazu, dass sich die einzelnen Söldnerführer bevorzugt in Burgen und Städten festsetzten, deren Zinsaufkommen ihre Soldforderungen noch halbwegs befriedigen konnten. Aus diesem Grund belagerte Georg von Schlieben mit großer Ausdauer Allenstein, wohin das samländische Domkapitel geflohen war. Kleine Städte, wie Lyck und Lötzen, die nahezu vollständig verarmt waren, fanden sich bald von Truppen entblößt und fielen wiederum den Haufen des Bundes in die Hände. Aus Masowien stieß am Ende des Jahres ein kleines polnisches Heer auf die nur schwach besetzte Burg Rhein vor. Am 21. Dezember 1455 erschien Heinrich Reuß von Plauen vor der Burg und schlug die Polen zurück.[191]

Doch auch auf die bisher erfolgreiche Kriegsführung des Spittlers hatte die prekäre finanzielle Situation des Ordens bald drastische Auswirkungen. Die erhofften Einnahmen blieben aus, teils, weil das Steueraufkommen der Landschaften immer weiter zurückging, teils, weil einzelne Söldnerführer die Zinsen eigenmächtig einzogen

Belagerung der Marienburg 1460

Dieser Ausschnitt eines Wandgemäldes, welches im Danziger Artushof hing und heute verschollen ist, zeigt links die Stadt Marienburg und rechts Teile der Ordensburg. Das Gemälde, welches in der zweiten Hälfte des 15. Jahrhunderts entstanden ist, vermittelt viele interessante Details. Vorn links sind Kämpfe zwischen einigen Ordensritter und den Danziger Belagerern zu sehen. Deutlich zu erkennen sind die dabei benutzten mannshohen Pavesen. Nicht auf dem Bildausschnitt gezeigt werden die gewaltigen Erdbefestigungen, die die Belagerer rings um den Hauptsitzdes Ordens errichtet hatten.

und nicht an den Orden abführten. Schlieben eroberte schließlich Allenstein, nachdem der Hochmeister den Domherren von Frauenburg, die sich hierher geflüchtet hatten, seinen Schutz zugesichert hatte. Dieses Versprechen schützte sie aber nicht vor Übergriffen durch die Ordenssöldner. Georg von Schlieben jagte das samländische Domkapitel schließlich auseinander und beschlagnahmte die in der Burg lagernde Bibliothek sowie den dorthin geretteten Frauenburger Domschatz, den er unter seinen Männern verteilen ließ. Diese Maßnahme verschreckte etliche andere Städte des Bistums, die darin einen Verstoß gegen ihre vom Hochmeister garantierten Rechte sahen. Erlichshausen forderte Schlieben zur Rückgabe aller Raubgüter auf, doch dieser entschuldige seine Maßnahme, indem er erklären ließ, die Domherren hätten die Übergabe Allensteins an den König von Polen vorbereitet und diesen heimlich mit Geld versorgt.[192]

Im Sommer 1456 kam der Krieg im Osten des Landes weitestgehend zum Erliegen. Das Hauptaugenmerk aller Beteiligten war auf die Verhandlungen über den Verkauf der Marienburg gerichtet. Zudem fehlte es sowohl dem Orden als auch dem Bund an den nötigen Mitteln zur Fortführung des Krieges. Dieser beschränkte sich weiterhin auf kleine Raubzüge. Insbesondere die Städte am Frischen Haff waren immer wieder davon betroffen. Die Danziger Flotte beherrschte die See und landete ein kleines Heer vor Brandenburg (heute Uschakowo, russische Enklave Kaliningrad). Die Stadt wurde vollständig zerstört, ebenso wie das nahegelegene Tolkemit, das von Ordenstruppen aus Königsberg und Heiligenbeil eingenommen worden war. Johannes Lindau berichtet, die

188 Vgl.: Voigt: *Geschichte Preußens, S. 454.*

189 Vgl.: Ebd., *S. 465.*

190 Vgl.: Ebd., *S. 468.*

191 Vgl.: Ebd., *S. 474.*

192 Vgl.: Rautenberg: *Böhmische Söldner, S. 202;* Voigt: *Geschichte Preußens, S. 475–476;* Biskup: *Söldner in den Streitkräften des Deutschordensstaates, S. 63–64.*

Ordenstruppen *„trieben das vieh wegk und branten die stat rein aus und theten merglichen grossen schaden dorinnen.“*[193]

Im November 1456 landete eine weitere kleine Danziger Flotte im Frischen Haff. Ein kleiner Söldnerhaufen plünderte mehrere Dörfer zwischen Lochstädt und Fischhausen. Der Herzog von Sagan versammelte daraufhin ein kleines Aufgebot nahe Blankenstein, das er gegen die Danziger ausschickte. Die Bündischen lagerten inzwischen vor Lochstädt, als sie von dem kleinen Heer angegriffen und schwer geschlagen wurden. Die Ordenssöldner trieben die Danziger ins Meer. Zirka 300 bis 400 Bündische wurden gefangen, erschlagen oder ertranken, bevor sie ihre Schiffe erreichen konnten. Der Vorfall hatte ein Nachspiel, denn der Herzog von Sagan behauptete nun, dass die Ratsherren von Kneiphof die Danziger zu dem Unternehmen aufgefordert und heimlich mit Informationen versorgt hätten. Zwölf Ratsherren, der Stadtschreiber und etliche Bürger wurden unter Androhung der Todesstrafe aus der Stadt ausgewiesen.[194]

Im Winter 1456/57 kam es schließlich zum Bruch mit Georg von Schlieben und etlichen anderen Hauptleuten. Von Schlieben war zwar am Verkauf der Marienburg nicht beteiligt, sah sich aber ebenfalls um seine Soldforderungen betrogen. Zusammen mit dem Hauptmann von Rößel, Martin Frodnacher, sowie Georg von Löben in Wartenberg, Thiele von Thümen zu Ortelsburg, Hans Marschalk in Schönberg und Hans von der Saale in Marienwerder forderte er den Ordensspittler auf, ihren Sold zu erhöhen. Andernfalls wollten die Hauptleute ebenso alle von ihnen besetzten Burgen und Städte an den Bund verkaufen. Ganz offensichtlich fürchteten sie, dass sich das Kriegsglück nach dem Verkauf der Marienburg gegen den Orden wenden könnte und sahen ihre Felle davonschwimmen. Heinrich Reuß von Plauen lehnte ihre Forderungen jedoch ab. Schlieben verbündete sich daraufhin im November 1456 mit dem Komtur von Osterode und ließ auch diese Burg besetzen.[195]

Balthasar von Sagan war ebenfalls nicht mehr bereit, sich von Heinrich Reuß von Plauen weiter vertrösten zu lassen. Er verließ Preußen im Januar 1457 zusammen mit den Grafen Hans von Gleichen und Georg von Henneberg. Dagegen kehrte der Spittler, der über den Jahreswechsel für Verhandlungen nach Marienburg gereist war, an der Spitze eines kleinen Heeres nach Königsberg zurück. Auf seinem Weg stürmte er das Schloss Insterburg, das schwer beschädigt wurde.[196]

Derweil drohte das Verhältnis mit Georg von Schlieben vollständig zu brechen. Durch seinen Vertrag mit dem Komtur von Osterode versuchte der Söldnerführer, auch seinen Zugriff auf die Einkünfte dieser Stadt zu stärken. Darüber zerbrach sein Verhältnis zum Komtur, der sich schließlich weigerte, die Burg an Schliebens Söldner auszuliefern. Dieser sammelte daraufhin ein Heer in Neumark, mit dem er Osterode im Februar 1457 belagerte. Als der Komtur die Stadtbevölkerung zu den Waffen rief, lief diese zu von Schlieben über. Erst im allerletzten Moment gelangte ein ordenstreuer Söldnerhaufen aus dem nahen Liebmühl nach Osterode. Schlieben musste die Belagerung abbrechen und zog sich nach Allenstein zurück. Der Hochmeister erklärte daraufhin dem wieder nach Frauenberg zurückgekehrten Domkapitel, dass er die Herrschaftsaneignung des Hauptmanns in ihrer Stadt für rechtswidrig erachte.[197]

DER KRIEG NACH DER ÜBERGABE DER MARIENBURG 1457 BIS 1460

Die Übergabe einer großen Zahl westpreußischer Städte bedeutete für die Kriegsanstrengungen des Ordens einen nicht unerheblichen Schlag. Allerdings hatte er seine Herrschaft in diesen Gebieten seit Kriegsbeginn ohnehin nur noch gelegentlich durchsetzen können. Vor diesem Hintergrund brachte der Abzug großer Söldnerscharen (sowohl die Verkäufer der Marienburg als auch andere Hauptleute, wie der Herzog von Sagan, verließen das Land) zunächst eine gewisse Entlastung mit sich. Tatsächlich versuchte der Herzog von seinen schlesischen Erblanden aus sogar, einen neuen Feldzug gegen Polen zu organisieren. Der Graf von Gleichen erbat hierfür Gelder vom Deutschmeister. Dieser Kriegszug kam allerdings nie zustande.[198]

Der wichtigste dem Orden verbliebene Söldnerführer war Bernhard von Zinnenberg, der mit einem Haufen von etwa 600 Mann die Burg Stuhm zurückgewonnen hatte und nun besetzt hielt. Derweil erregte auch das Auftreten der Polen und ihrer Verbündeten im Land den Unmut der Bevölkerung. Die anhaltende Besetzung von Städten mit landfremden Söldnern, das fortgeführte Eintreiben hoher Zinsen, aber auch die unwürdige Behandlung des Hochmeisters durch die Böhmen führten dazu, dass sich Teile der preußischen Ritterschaft und einige Städte wieder dem Orden anschlossen. Paradoxerweise waren diese Stände nun teilweise freiwillig dazu bereit, zur Unterstützung des Hochmeisters Steuern aufzubringen. In mehreren Gebieten Ostpreußens traten die Stände zusammen und verabschiedeten allgemeine

193 *Zit.: SS. rer. Pruss., S. 520;* RAUTENBERG*: Böhmische Söldner, S. 203–204.*

194 *Vgl.:* RAUTENBERG*: Böhmische Söldner, S. 204;* VOIGT*: Geschichte Preußens, S. 514–515.*

195 *Vgl.:* VOIGT*: Geschichte Preußens, S. 515–516.*

196 *Vgl.:* EBD.*, S. 517.*

197 *Vgl.:* EBD.*, S. 520–522.*

198 *Vgl.:* EBD.*, S. 537–538.*

Zwei deutsche Ordenssöldner.
Der Reiter gehört mit seiner vollständigen Plattenrüstung zu den am besten ausgestatteten Kriegern seiner Zeit. Seine Schaller verfügt über ein aufklappbares Visier. Der Harnisch ist im Bauchbereich deutlich nach außen gewölbt. Auf diese Weise sollten Schläge mit stumpfen Waffen besser abgefangen werden.
Der Fußsoldat hat sich seine Ausrüstung auf vielen Schlachtfeldern zusammengesucht. Hierzu gehört eine Schaller mit aufklappbarem Visier, ähnlich der des Reiters, ein Schwert, Eisenhandschuhe und die Unterleibsplatte eines Harnisches. Bewaffnet ist er mit einer kurzen Hellebarde. Stangenwaffen gehörten zur Standardbewaffnung von Fußtruppen, allerdings kamen lange Spieße, wie sie die Schweizer benutzten, im Baltikum kaum zum Einsatz.

2017

Verbrauchs- und Einkommenssteuern. Der Widerstand versteifte sich und es zeichnete sich in diesen letzten Monaten des Jahres 1457 zunehmend ab, dass die Städte Ostpreußens sich nicht freiwillig dem polnischen König unterwerfen würden.[199]

Aber auch in den wenigen dem Orden verbliebenen Städten im Westen versteifte sich der Widerstand. Nicht alle Burgen und Städte, die die Söldner laut Vertrag ausliefern sollten, konnten auch dauerhaft von den Bündischen und Polen gehalten werden. Insbesondere die strategisch wichtigen Orte Mewe und Dirschau verblieben im Besitz des Ordens. Mewe wurde im August 1457 durch ein polnisches Heer von der Landseite und eine Danziger Flottille von der Weichsel her eingeschlossen. Die Stadt stand kurz vor dem Fall, als unter dem polnischen Heer eine Meuterei ausbrach und dieses die Belagerung abbrechen musste. Auch Dirschau wurde vergeblich durch ein Danziger Aufgebot belagert.[200]

Derweil hatte sich in Marienburg eine neue Lage ergeben. Bürgermeister Bartholomäus Blume begab sich im September nach Stuhm und arbeitete mit Bernhard von Zinnenberg einen Plan aus, wie wenigstens die Stadt Marienburg zu halten wäre. Zinnenberg verständigte sich mit den übrigen, treu zum Orden stehenden Hauptleuten Graf Burkhard von Querfurt, Hans von Dohna, Wend von Eulenburg, Volkel Röder, Thiele von Thümen, Hans von Tettau, aber auch Georg von Schlieben. Heinrich Reuß von Plauen führte ein Fähnlein Söldner nach Stuhm, um sich an dem geplanten Unternehmen zu beteiligen. Am 27. September 1457 um Mitternacht erschienen er und Bernhard von Zinnenberg schließlich mit 1.200 Mann vor Marienburg. Im Ordensschloss lagerten lediglich 800 Söldner Czerwenkas. Bürgermeister Blume hatte mit einem kleinen städtischen Aufgebot bereits die Tore gesichert und öffnete sie nun den Ordenstruppen. Die kleine polnische Garnison, die in der Stadt lagerte, wurde überrascht und entweder niedergemacht oder gefangen genommen. Die Mauern und Türme der Stadt wurden rasch besetzt und sofort gingen die Truppen auch gegen das Schloss vor. Czerwenkas Söldner schlugen jedoch im letzten Moment Alarm. Es kam zu einem heftigen Handgemenge, ohne dass die Ordenstruppen in die Burg eindringen konnten. Auch ein zweiter Sturmversuch am Folgetag blieb ohne Erfolg. Die Besatzung der Burg feuerte den ganzen Tag auf die Stadt, sodass sich die Bürger in ihren Häusern verbarrikadierten. Die Ordenstruppen verloren in diesen Gefechten 200 Mann.[201]

Zinnenberg zog am 30. September 1457 in Richtung großes Werder, wohin sich auch ein Danziger Aufgebot bewegte, das zur Verstärkung der Marienburger Garnison vorgesehen war. Als sich Zinnenbergs Haufen, etwa 600 Reiter und 300 Fußknechte, den Danzigern näherte, bildeten diese aus ihren Wagen eine Burg. Die Danziger Chronik berichtet: „*do quam her bernt von Zcinnenberge mit den seinen und legete sie an und wolde in di wagenburgk abegewinnen, und die unsern schlugen sie zcwier uber mit gewalt von sich* [...] *und von den iren wurden fur der wagenburgck geschlagen XVII pletener die tot blieben und wol bey zehn pferde.*“[202] Es ist das eindrucksvolle Zeugnis eines vergeblichen Sturmversuchs auf eine Wagenburg, wie sie die Hussitenkriege in viel größerem Maßstab gesehen hatten. Zinnenberg selbst wurde bei dem Angriff schwer verwundet.[203]

Es gelang dem Söldnerführer nicht, die Verbindung der in der Burg eingeschlossenen Garnison zur Außenwelt vollständig zu kappen. Die Danziger brachten frische Kräfte zur Marienburg.[204]

Die Ordenstruppen hatten derweil die zur Burg hin liegenden Häuser der Stadt durch Gräben und Erdwälle notdürftig gegen Beschuss gesichert. Der hartnäckige Widerstand der Bevölkerung war vor allem auf die Initiative des Bürgermeisters Blume zurückzuführen, der das städtische Aufgebot bei der Stange hielt. Stadt und Burg belagerten sich nun gegenseitig. Ein Sieg war nur zu erringen, wenn eine der Parteien den Gegner auch von der Außenwelt abschneiden konnte. Dafür war insbesondere die Kontrolle der schiffbaren Nogat von großer Bedeutung. Doch weder der Orden noch der Bund und schon gar nicht der polnische König konnten den Fluss dauerhaft sichern.[205]

Im Oktober zog Bernhard von Zinnenberg mit einem Haufen ins Kulmer Land. Er stand in Kontakt mit Hans Matzkow, dem Bürgermeister von Kulm. Dieser war bereit, den Ordenssöldnern seine Tore zu öffnen. Zinnenbergs Truppen bemächtigten sich der Stadt in einem ähnlich handstreichartigen Überfall wie in Marienburg.[206]

In Kulm zog der Hauptmann frische Truppen an sich und drohte den weiter südlich gelegenen Städten Kulmsee und Thorn mit Brandschatzung, sollten sie nicht unter die Herrschaft des Ordens zurückkehren.[207]

In Ostpreußen gewannen derweil Ordenssöldner Preußisch Eylau zurück. Als die dortige Garnison eines Tages zum Fouragieren ins umliegende Land auszog, rückte ein Haufen vor die Stadt. Auch hier öffneten die Bürger freiwillig die Tore.[208]

199 *Vgl.:* Tresp*: Söldner aus Böhmen, S. 54.*

200 *Vgl.: SS. rer. Pruss., S. 146;* Voigt*: Geschichte Preußens, S. 540.*

201 *Vgl.:* Hoburg*: Danzig während der Belagerung Marienburgs, S. 205;* Rautenberg*: Böhmische Söldner, S. 205.*

202 *Zit.: SS. rer. Pruss, S. 548.*

203 *Vgl.:* Rautenberg*: Böhmische Söldner, S. 206.*

204 *Vgl.:* Hoburg*: Danzig während der Belagerung Marienburgs, S. 205–206.*

205 *Vgl.:* Voigt*: Geschichte Preußens, S. 543.*

206 *Vgl.: SS. rer. Pruss, S. 548–549;* Voigt*: Geschichte Preußens, S. 543–544.*

207 *Vgl.:* Voigt*: Geschichte Preußens, S. 544.*

208 *Vgl.:* Ebd.*, S. 544.*

Darstellung der 1315 zwischen einem habsburgischen und einem Schweizer Heer ausgefochtenen Schlacht bei Morgarten aus der Berner Chronik

(Diebold Schilling, d. Ä.)

Entstanden in der zweiten Hälfte des 15. Jahrhunderts gibt das Bild interessante Einblicke in die Kampfweise und Ausrüstung in dieser Zeit. Die Reiter gehen in geschlossener Ordnung vor und werden vom Fußvolk mit langen Spießen bekämpft. Einmal vom Pferd geholt, werden die Ritter von den Fußtruppen erdolcht oder sogar mit Steinen erschlagen

1315 Dis werte als lang bis das man zalt von gottes geburt
tusent drühundert und fünfzechen jare Da was
ein hertzog von österich hieß hertzog Lüpolt :: Der :: King Alb
besampnet sich mit siner macht mit vil herren rittern Sun
und knechten die im dientent und zugent mit grossem volck
gen Egre und hattent ratt wo si kement in das land gen Switz
Da wart geratten am morgarten gegen dem Sattel Nů
hatte der hertzog einen narren bi im hieß Cůno von Stocken den
fragte er ouch wie im der herren ratt gefiel da antwurt der
narre er gefiel im übel da sprach der herr warumb Da
antwurt aber der narre da hand ir alle geratten wo ir in das
land koment aber keiner hatt geratten wo ir wider harus kome

Das Kriegsglück schien sich wieder dem Orden zuzuwenden, was einigen Hauptleuten neuen Tatendrang verlieh. Fritz von Raveneck und Kaspar von Nostitz wurden auf ihren Burgen wieder aktiv und selbst Georg von Schlieben zeigte sich kooperationsbereit.[209]

Allerdings waren diese Erfolge nicht von langer Dauer. Das militärische Potenzial des Preußischen Bundes und des polnischen Königs war zu groß. Als Kasimir vom Verlust der Städte Marienburg und Kulm erfuhr, ließ er sein Heer erneut nach Westpreußen vorstoßen. Die Garnisonen der Städte und Burgen wurden verstärkt, allein 3.000 Söldner rückten in die Marienburg ein. Nun war es die ordenstreue Besatzung der Stadt, die sich fast täglich der Angriffe aus dem Schloss erwehren musste, denn die inzwischen zahlenmäßig weit überlegenen polnisch-bündischen Söldner versuchten, die städtischen Söldner zu zermürben. Heinrich Reuß von Plauen leitete inzwischen die Verteidigung und bat die umliegenden Garnisonen um Verstärkungen. Diese sahen sich jedoch selbst durch das polnische Heer bedroht und so blieben sowohl frische Soldaten als auch der Nachschub an Lebensmitteln vorerst aus. Nur Georg von Schlieben erreichte Marienburg mit einem kleinen Söldnerhaufen.[210]

Da aus Westpreußen keine Hilfe zu erwarten war, versuchte der Hochmeister, der sich mittlerweile in Königsberg niedergelassen hatte, in den preußischen Niederlanden Truppen zusammenzuziehen und nach Marienburg zu führen. Diese Sammlungen verzögerten sich allerdings bis Mitte Dezember. In dieser Zeit zogen die Bündischen und die Polen immer mehr Truppen vor Marienburg zusammen. Alle Tore und Straßen, die in die Stadt führten, waren abgeriegelt. Der Mangel an Lebensmitteln machte sich immer stärker bemerkbar. Georg von Schlieben und etliche andere Söldnerführer waren schon bereit, aus der Stadt auszubrechen.[211]

Zum Jahreswechsel stand die Stadt kurz vor dem Fall. Ulrich Czerwenka ließ im Januar 1458 bereits Scharfrichter aus Danzig herbeiholen, da er den Rat und etliche prominente, ordenstreue Bürger der Stadt nach deren Fall in einem Schauprozess verurteilen lassen wollte. Doch als die Garnison von Mewe die Belagerer angriff, wurden 3.000 Söldner aus der Marienburg abgezogen. Diesen günstigen Moment nutzte Bernhard von Zinnenberg aus und führte einen großen durch 1.000 Reiter gesicherten Lebensmittelkonvoi in die Stadt.[212]

Die Ordenshauptleute verständigten sich daraufhin auf eine neue Strategie. Georg von Schlieben begab sich zum Hochmeister und unterbreitete ihm die neuen Pläne. Demnach wolle man erst die vom Deutschmeister versprochenen Verstärkungen aus dem Reich abwarten und dann einen Vorstoß nach Polen unternehmen, um König Kasimir zu zwingen, seine Truppen aus Westpreußen abzuziehen. Dazu müssten aber auch die Garnisonen von Kulm und Marienburg ausreichend verstärkt werden. Bernhard von Zinnenberg schlug dem Hochmeister daher vor, weitere Verstärkungen aus Livland zu erbitten. Doch schon vorher gelang es dem Ordensspittler, in Königsberg und den Niederlanden ausreichend Truppen zusammenzuziehen.[213]

Die Scharmützel vor Marienburg wurden derweil unaufhörlich fortgesetzt. Im März 1458 unternahm Thiele von Thümen einen Ausfall, um eine Mühle nahe der Stadt einzunehmen. Bei diesem Versuch wurden er und seine Söldner allerdings von den Belagerern zur noch gefrorenen Nogat abgedrängt. Etliche Ordenssöldner fanden im Handgemenge den Tod. Thiele von Thümen brach mit seinem Pferd im Eis ein und ertrank im Fluss.[214]

In den strengen Wintermonaten 1458 stieg die Hungersnot in Marienburg wieder an. Neue Lebensmittelkonvois waren nicht in der Lage, den Belagerungsring zu durchbrechen. Nach Thümens Tod und Zinnenbergs Abgang hatte Augustin von Trotzler den Befehl über die Garnison übernommen. Doch auch seine Hilfegesuche blieben unbeantwortet. Die angespannte Lage führte zunehmend zum Bruch zwischen Söldnern und Stadtbevölkerung. Die Söldner waren bald nicht mehr bereit, Wachdienste zu übernehmen, die nun ausschließlich vom städtischen Aufgebot getätigt werden mussten. Anfang April 1458 hatten der Hunger und die ständigen Angriffe der polnisch-bündischen Kräfte die Verteidiger so weit zermürbt, dass die Stadt kurz vor dem Fall stand. Doch der Orden hatte nicht mehr die Kraft, um noch einmal Entsatz zu schicken. Dieser kam aus unerhoffter Richtung. Im April näherte sich der Söldnerführer Wilhelm Mutschiedler mit 600 Reitern aus dem Reich. Gleichzeitig traf ein kleines livländisches Heer in Mewe ein. Die Ordensritter fingen einige Danziger Getreideschiffe auf der Weichsel und der Nogat ab. Wieder waren die Belagerer gezwungen, Soldaten von der Burg abzuziehen. Die Ordenssöldner brachten Lebensmittel und auch Geld in die Stadt, die nun bereit war, den Kampf fortzuführen.[215]

Innerhalb weniger Tage gelang es dem Orden, die militärische Lage wieder zu stabilisieren. Ende April sammelten sich mehrere Söldnerhaufen in Pommerellen und fielen in das zu Polen gehörende Dobriner Land ein. Dutzende Dörfer wurden geplündert. Die ordenstreue Besatzung der Stadt Kulm wagte einen Vorstoß auf Thorn und brannte eine der dortigen Vorstädte nieder.[216] Diese Manöver trugen nicht den Charakter eines Eroberungsfeldzuges, sondern dienten lediglich dem Einbringen von Lebensmitteln und Geld, der Stärkung der eigenen Truppen und der wirtschaftlichen Schwächung des Gegners. In den Vorstellungen einiger Söldnerführer sollte der Krieg den Krieg ernähren. Doch dieses Konzept konnte, solang es Söldnerheere gab, nie aufgehen. Die aus dem Land geraubten Mittel reichten meist nur eine kurze Zeit und nur sehr selten wurde dieses Plündergut mit den Soldforderungen verrechnet. Auf diese Weise wurde das Land doppelt ausgesogen, denn wenn Ernten und Viehherden geraubt waren, brachen die Zinseinnahmen, mit denen die Söldner bezahlt werden sollten, für die Landesherren weg.

Kämpfe, wie sie um die Marienburg und zwischen den Städten Kulm und Thorn geführt wurden, verwüsteten

209 *Vgl.:* Rautenberg*: Böhmische Söldner, S. 207.*

210 *Vgl.:* Ebd.*, S. 207–208;* Voigt*: Geschichte Preußens, S. 545.*

211 *Vgl.:* Voigt*: Geschichte Preußens, S. 545–546.*

212 *Vgl.:* Rautenberg*: Böhmische Söldner, S. 209;* Voigt*: Geschichte Preußens, S. 546.*

213 *Vgl.:* Voigt*: Geschichte Preußens, S. 547–548.*

214 *Vgl.: SS. rer. Pruss., S. 551.*

215 *Vgl.:* Ebd.*, S. 551–552;* Voigt*: Geschichte Preußens, S. 548–550.*

216 *Vgl.:* Voigt*: Geschichte Preußens, S. 550.*

auch das Frische Haff, wo die Königsberger mit den Elbingern stritten. Der Ordensspittler wollte im Frühjahr 1458 alle Kräfte auf die Rückgewinnung der Marienburg konzentrieren. Die Einnahme des Hochmeistersitzes hatte große politische Bedeutung. Plauen und Erlichshausen erhofften sich dadurch, dem Prestige des Ordens in Europa neuen Glanz zu verleihen und somit neue hochrangige Söldnerführer anzulocken, die den Krieg beenden konnten. Der Hochmeister pflegte enge Kontakte mit dem Herzog von Burgund, Karl dem Kühnen, von dem er sich nicht nur Soldaten, sondern auch Seeleute versprach, mit denen er die Blockade der Danziger Flotte durchbrechen könnte.[217]

Im Mai 1458 sammelten sich Söldnerkontingente aus Ostpreußen um Osterode. Das Entsatzheer war im Vergleich zu den Armeen des Jahres 1454 nur klein. Etwa 600 Reiter und 400 Fußknechte konnte Ludwig von Erlichshausen versammeln. Ende des Monats zog dieses Heer nach Westen. Ein großer Lebensmittelkonvoi begleitete den Zug. Der Hochmeister hoffte, nicht nur die Stadt entsetzen, sondern auch die weitgehend von Truppen entblößte Burg wieder einnehmen zu können. Als das Ordensheer an der Nogat eingetroffen war, vereinbarten Erlichshausen, der Ordensspittler und Hauptmann von Trotzler einen Angriff von zwei Seiten auf die Burg, um auf diese Weise die Verteidiger aufzusplitten. Doch für einen Sturm auf die gut ausgebauten Mauern waren die Söldner zu schwach. Selbst die kleine bündische Besatzung konnte alle Angriffe ohne große Mühe abwehren. Nach acht Tagen sah sich der Hochmeister gezwungen, den Sturm abzubrechen und auch die Stadt Marienburg wieder zu verlassen.[218]

Nach diesem Fehlschlag mussten Erlichshausen und Plauen erkennen, dass das militärische Potenzial des Ordens nicht ausreichte, um den Krieg aus eigener Kraft zu gewinnen. Hilfe aus dem Reich war aber kaum zu erwarten, wie der Herzog von Sagan und Hans von Gleichen in etlichen Briefen mitteilen. Die Berichte der aus Preußen zurückgekehrten Söldner über die Verwüstungen im Land erregten zwar Mitleid, aber kaum die Bereitschaft, dem Ordensstaat zu Hilfe zu eilen. Daher blieb dem Orden nichts anderes übrig, als sich auf seine eigene Kraft zu besinnen. Doch eben diese ging immer weiter zurück. Der Hochmeister schrieb neue Steuern aus, aber etliche Städte waren nicht bereit, diese zu zahlen oder verwiesen darauf, dass die Ordenssöldner ihnen bereits alle Geld- und Lebensmittelvorräte geraubt hätten. Diese erklärten wiederum, sie würden vom Orden nicht bezahlt. In Marienburg drohten die Söldner bereits, die Stadt zu verlassen. Trotzler, der neben der komplizierten Verteidigung der Stadt nun auch immer wieder einen nervenaufreibenden Spagat zwischen den Interessen seiner Söldner, dem Rat der Stadt und dem Hochmeister vollziehen musste, schmiss schließlich resigniert hin und verließ Preußen.[219]

Da der Orden nicht in der Lage war, seine Söldner regelmäßig zu entlohnen, verlor er immer wieder die Kontrolle über sie. Mehrfach informierten Hauptleute der einzelnen Städte den Hochmeister darüber, dass ihre Männer eigenmächtig in feindliches Gebiet einfallen würden, wenn sie vom Orden keine Lebensmittel erhalten würden.[220]

Im Mai 1458 verdichteten sich die Hinweise, dass der König von Polen große Anstrengungen unternahm, um ein neues Heer auszurüsten und die dem Orden in Preußen verbliebenen Burgen und Städte endlich einzunehmen. Der Hochmeister und der Ordensspittler drängten daher Bernhard von Zinnenberg, die Burg Stuhm mit einer ausreichend großen Garnison zu versehen. Sie waren sich darin einig, dass der Hauptstoß der Polen auf Marienburg erfolgen würde und Stuhm bildete die wichtigste Verteidigungsposition der Stadt nach Süden hin. Die polnisch-bündischen Söldner erkannten die Bedeutung der Burg ebenfalls. Ende Juli unternahmen sie einen Ausfall und erbeuteten nahe der Nogat einen großen Lebensmittelkonvoi, der zur Versorgung der Söldner in Stuhm bestimmt war. Dabei fiel den Bündischen auch ein Teil des Marienburger Stadtaufgebotes, dass dem Zug als Bedeckungsmannschaft mitgegeben worden war, in die Hände.[221]

Im Juli 1458 fiel Kasimir IV. an der Spitze von angeblich 20.000 Mann und 600 Tartaren im Kulmerland ein. Die Vorhut dieses Heeres wandte sich der erst kurz zuvor wieder in die Hände des Ordens übergegangenen Burg Papau zu, musste aber in den ersten Sturmversuchen schwere Verluste hinnehmen. Die Besatzung bestand nur aus 100 Mann unter Hauptmann Melchior von Löbel. Die Ordenssöldner fürchteten schwere Repressalien, sollten sie den Polen, die bald mit überwältigender Übermacht vor Papau erschienen, zu heftigen Widerstand leisten und boten ihre Kapitulation an. Der Führer der polnischen Vorhut nahm das Angebot an und sicherte der Garnison einen heimlichen Abzug durch eine Ausfallpforte zu. Er konnte sich selbst der Disziplin seiner Tartaren nicht sicher sein, sollte ihnen der Abzug der Garnison bekannt werden. Sobald die Ordenssöldner Papau verlassen hatten, brach unter den Polen Streit um die Beute aus. Ein Teil der Burg wurde daraufhin niedergebrannt, die Reste nach dem Eintreffen des polnischen Königs geschleift.[222]

Kasimir marschierte anschließend langsam auf Kulm zu. Er entschied sich jedoch dafür, diesen Feldzug nicht mit der Belagerung von Städten zu vergeuden, sondern sich direkt seinem politischen und militärischen Hauptziel Marienburg zuzuwenden. Das polnische Heer ließ Kulm links liegen und marschierte nach Norden. Bernhard von Zinnenberg, der mit einem Söldnerhaufen in Kulm gelagert hatte, verließ die Stadt daraufhin ebenfalls und versuchte, seine Truppen nach Stuhm zu führen. In den nächtlichen Eilmärschen kamen die Ordenstruppen kurzzeitig vom Weg ab. Dabei näherten sie sich unbeabsichtigt dem polnischen Heer. Es kam zu einem heftigen Gefecht, bei dem Zinnenberg beträchtliche Verluste hinnehmen musste. Er selbst entging nur knapp der Gefangenschaft und rettete sich mit den Resten seines Haufens nach Stuhm. Kasimirs Heer zog dagegen direkt nach Marienburg, wo es am 10. August 1458 eintraf.[223]

---

217 *Vgl.:* Ebd., *S. 550.*

218 Vgl.: Ebd., S. 551–552.

219 *Vgl.:* Ebd., *S. 552–553.*

220 *Vgl.:* Ebd., *S. 554–555.*

221 *Vgl.:* Ebd., *S. 555–556.*

222 *Vgl.:* Rautenberg*: Böhmische Söldner, S. 29;* Voigt*: Geschichte Preußens, S. 556.*

223 *Vgl.:* Voigt*: Geschichte Preußens, S. 557–558.*

In diesen kritischen Tagen war es Heinrich Reuß von Plauen gelungen, Augustin von Trotzler wieder für den Orden zu gewinnen. Der Hauptmann erklärte sich bereit, die Verteidigung Marienburgs zu übernehmen, sofern ihm der Orden ausreichend Soldaten zur Verfügung stellen würde. Zwar gelang es, eine kleinere Schar Söldner anzuwerben, doch die meisten von diesen weigerten sich, in der ausgehungerten Stadt Dienst zu tun. Selbst in den besser versorgten Burgen hatte der Orden Probleme, seine Streitmacht zusammenzuhalten. Die in Mewe einquartierten livländischen Kontingente drohten ebenfalls, Preußen zu verlassen.[224]

Der Orden konnte es sich auch nicht erlauben, seine gesamte Streitmacht zum Entsatz Marienburgs zu vereinigen. Zum einen wäre ein solches Heer schwer zu versorgen gewesen, zum anderen durfte das Hinterland nicht gänzlich von Truppen entblößt werden, da die bündischen Truppen sonst sofort wieder über die Ordensbesitzungen hergefallen wären.

Vor Marienburg verlor Kasimir derweil keine Zeit, sondern ließ die Stadt sofort von mehreren Seiten angreifen. Die polnischen Geschütze schlugen in kurzer Zeit Breschen in die Stadtmauer. Doch die Besatzung wehrte sich hartnäckig und so scheute der polnische König den finalen Sturm.[225]

Stattdessen nahm der in polnischen Diensten stehende ungarische Söldnerführer Jan Giskra von Brandeis Verhandlungen mit Bürgermeister Bartholomäus Blume auf. Dieser zog die Verhandlungen geschickt in die Länge und verschaffte den Verteidigern somit Zeit. Er wusste, dass Giskra die Thronansprüche Kasimirs IV. gegen Matthias Corvinus in Ungarn unterstützen wollte. Dafür benötigte Polen jedoch freie Hand und einen zügigen Friedensschluss mit dem Orden.[226]

Bernhard von Zinnenberg nutzte die Verhandlungen, um der Besatzung Marienburgs von Stuhm aus Verstärkungen zuzuführen. Andere Söldnerscharen aus Stuhm überfielen die Nachschubkolonnen und Fouragiertrupps der Polen. Gleichzeitig eroberten Ordenssöldner aus Mewe und Kulm die Stadt Neuenburg von den Danzigern zurück. Gestützt auf diese Erfolge trat Heinrich Reuß von Plauen, der inzwischen im Lager des polnischen Königs eingetroffen war, zunehmend selbstbewusster bei den Verhandlungen auf. Bereits Ende August zweifelte Kasimir, dass er Marienburg würde einnehmen können.[227]

Je länger sich die Verhandlungen in die Länge zogen, desto stärker zerbröckelte das polnische Heer. Noch immer bestand die Mehrheit von Kasimirs Truppen aus den Aufgeboten des heimischen Adels. Die Monotonie einer langen Belagerung und die schon nach kurzer Zeit eintretende Lebensmittelknappheit zermürbte die polnischen Ritter sehr schnell und so zogen sie in kleinen Gruppen nach Hause. Daher bedrängten nun auch die Hauptleute den König, Marienburg entweder zu stürmen oder die Belagerung aufzuheben. Kasimir konnte sich allerdings zu keiner Entscheidung durchringen und sah dem Zerfall seines Heeres tatenlos zu.[228]

Derweil hatten sich der Hochmeister, der Großkomtur, der Ordensspittler und etliche führende Ordenshauptleute in Mehlsack getroffen, um die Bedingungen für einen Waffenstillstand mit Polen zu diskutieren. Vor dem Hintergrund seiner Verwicklung in die ungarischen Thronwirren zeigte sich Kasimir sehr entgegenkommend. Die Danziger, die ein Erstarken des Ordens fürchteten, sobald sich die Polen vom Kriegsschauplatz zurückziehen würden, boten dem König noch einmal 4.000 Söldner für die Belagerung Marienburgs an. Aber es half nichts. Am 9. Oktober unterzeichneten der Orden und Polen einen neunmonatigen Waffenstillstand (bis zum 12. Juli 1459). Der territoriale Status quo sollte in dieser Zeit beibehalten werden. Kasimir zog sich unmittelbar nach Abschluss des Vertrages mit den Resten seines Heeres nach Riesenburg zurück.[229]

Trotz des Waffenstillstandes kam es immer wieder zu Kampfhandlungen zwischen Ordenstruppen und bündischen Söldnern. Auch die im Land verbliebenen polnischen Söldner zeigten sich mit ihrer Situation unzufrieden. Der von Kasimir als Hauptmann der Marienburg eingesetzte Stibor von Ponitz wollte die Burg sogar an den Orden verkaufen. Ponitz war polnischer Kämmerer, hatte die Burg aber als Pfand erhalten und war nun bereit, dem Beispiel Czerwenkas zu folgen. Kurz vor Ausführung des Vorhabens wurde er jedoch von Johann von Kosczelecz und Prandota Libiszowski abgelöst.[230]

Im Frühjahr 1459 trafen sich in Nessau Bevollmächtigte des Ordens und Polens, um über einen möglichen dauerhaften Frieden zu verhandeln. Doch das gegenseitige Misstrauen führte dazu, dass die Versammlung schon nach drei Wochen auseinanderging, ohne dass die Gespräche über Vorverhandlungen hinausgekommen waren.[231]

Trotz der neunmonatigen Ruhephase gelang es dem Orden kaum, seine wirtschaftliche Lage zu stabilisieren. Nach wie vor litten die Besatzungen von Kulm und Marienburg Hunger und benötigten Nachschub an

224 *Vgl.:* Ebd., *S. 558.*

225 *Vgl.:* Ebd., *S. 559.*

226 *Vgl.:* Rautenberg*: Böhmische Söldner, S. 210–211;* Voigt*: Geschichte Preußens, S. 559–560.*

227 *Vgl.:* Voigt*: Geschichte Preußens, S. 560–561.*

228 *Vgl.:* Ebd., *S. 561.*

229 *Vgl.: SS. rer. Pruss., S. 559–561.*

230 *Vgl.:* Hoburg*: Danzig während der Belagerung Marienburgs, S. 206–207.*

231 *Vgl.:* Voigt*: Geschichte Preußens, S. 572.*

Ordensritter und Knecht.
Das Bild zeigt einen der wenigen Ordensritter, die noch persönlich am Kampf teilnahmen. Er ist mit einem vollen Plattenharnisch gerüstet. Einige Teile, wie die Beckenhaube, sind allerdings älteren Typs.
Der Knecht ist mit Kettenhemd und Gambeson ausgerüstet und trägt einen altmodischen Eisenhut. Bewaffnet ist er mit einem Dussack, den er womöglich einem böhmischen Söldner abgenommen hat, sowie einer Hakenbüchse.

Waffen und Kleidung. Die finanzielle Lage des Ordens war so prekär, dass selbst der Hochmeister sein Schwert verpfänden musste.[232]

Bereits im Juli 1459 zog ein neues polnisches Heer nach Marienburg. Johann Giskra legte mit Abschluss des Waffenstillstandes sein Amt als Hauptmann des Ordenssitzes nieder. Das Herzogtum Masowien, ein halbautonomer Teil des Königreiches Polen, das bisher versucht hatte, eine Vermittlerrolle zwischen den Kriegsparteien einzunehmen, rüstete sich nun selbst zum Krieg. Heinrich Reuß von Plauen ließ daher eine Gesandtschaft zum Herzog schicken, die über einen neuen Waffenstillstand als Grundlage für einen zukünftigen Frieden verhandeln sollte.[233]

Aber in Preußen flackerten die Kämpfe wieder auf. Ein Vorstoß des Ordensspittlers auf Mohrungen, das den Ordenstruppen versprochen hatte, seine Tore zu öffnen, scheiterte, weil der Preußische Bund im letzten Moment die Besatzung der Stadt verstärken ließ. Beide Seiten waren militärisch so geschwächt, dass Angriffe auf befestigte Plätze kaum stattfanden. Ein Angriff der Danziger auf die kleine und schwach bemannte pommerellsche Burg Kyschau wurde von der Besatzung abgewiesen. Dafür konnten sie die fast verlassenen Burgen Sobowitz und Grebin einnehmen und zerstören. Allerdings waren diese Unternehmungen von keiner militärischen Bedeutung. Der Krieg bestand überwiegend aus unübersichtlichen Raubzügen kleiner Söldnerscharen.[234]

Angesichts dieser Schwäche konnte der Orden dem Einmarsch einer kleinen polnischen Armee im Kulmerland nur wenig entgegensetzen. Das polnische Heer wuchs durch den Zuzug städtischer Aufgebote rasch an. Bernhard von Zinnenberg, der in Kulm das Krankenbett hüten musste, konnte sich lediglich auf die Verteidigung der verbliebenen Ordensburgen beschränken und bat Heinrich Reuß von Plauen um Verstärkungen. Aber auch unter den größeren Ordensbesatzungen in Stuhm und Preußisch Mark waren Seuchen ausgebrochen, die einen schnellen Gegenstoß verhinderten.[235]

Ein zweites polnisches Heer drang in Pommerellen ein und stieß auf Konitz vor. Der energische Ordenshauptmann Fritz Raveneck war wie Zinnenberg schwer erkrankt und somit nicht in der Lage, von Mewe aus einen Gegenstoß zu organisieren. Die Polen marschierten auf Konitz, um die Heerstraße von Preußen ins Reich zu blockieren. Hier kam es zu heftigen Scharmützeln mit den Truppen Kaspar von Nostitz und Hans von Gleichen, die beide in den Kämpfen verwundet wurden. Konitz konnte allerdings von den Ordenstruppen gehalten werden.[236]

Dennoch war die Lage des Ordens gefährlich. Das im Kulmerland operierende polnische Heer bedrohte Löbau, wo eben erst der ordenstreue Bischof Bartholomäus von Kulm seinen Sitz eingenommen hatte. Die Stadt verfügte nur über eine kleine Besatzung und dem Bischof fehlten die Mittel, um diese ausreichend zu versorgen. Heinrich Reuß von Plauen fürchtete dagegen eine erneute Belagerung Marienburgs. Der Ordensspittler nahm daher wiederholt mit der polnischen Seite Verhandlungen über einen neuen Waffenstillstand auf. Dieser kam zwar nicht zustande, allerdings blieb das polnische Heer während der Verhandlungen, die von Plauen geschickt in die Länge zog, untätig im Kulmerland stehen. Der Rat von Danzig erkannte den Plan des Spittlers und bat den polnischen König, nicht unnötig Zeit zu verlieren, sondern das nur schwach besetzte Marienburg endlich einzunehmen. Da die Stadt jedoch gleichzeitig eingestehen musste, dafür keinerlei eigene Truppen ins Feld stellen zu können, blieb der Rat ungehört.[237]

Kasimir IV. berief stattdessen am 1. September 1459 in Petrikau einen Reichstag ein, zu dem er auch die Vertreter des Preußischen Bundes einlud, um über eine neue Steuer zur Finanzierung des Krieges abzustimmen. Der König hatte die Schwäche der polnischen Adelsaufgebote erkannt und wollte stattdessen ein kleines, aber effektiveres Söldnerheer errichten. Dafür benötigte er regelmäßige Einnahmen in Form einer allgemeinen Reichssteuer. Die polnischen Stände waren allerdings nicht bereit, weiterhin Geld für den sich bereits fünf Jahre hinziehenden Krieg aufzubringen. Sie verweigerten der Steuer die Zustimmung. Vertreter des Ordens, die ebenfalls nach Petrikau gereist waren, unterbreiteten Kasimir daher ein neues Friedensangebot. Darin wollten sie den polnischen König als Lehnsherren über Preußen anerkennen und ihm 100.000 Gulden als Entschädigung für seine bisherigen Kriegskosten zahlen. Außerdem würde sich der Orden verpflichten, mit zwei Fähnlein Kriegsvolk an den Kriegen Polens teilzunehmen. Ein Teil der polnischen Stände war nur zu gern bereit, diese Bedingungen zu akzeptieren. Doch nach dem heftigen Protest der Vertreter des Preußischen Bundes wurde das Angebot schließlich abgelehnt.[238]

Eine koordinierte Kriegsführung fand in Preußen nach wie vor nicht statt. Beide Seiten belauerten sich und warteten auf günstige Gelegenheiten zur Einnahme einzelner fester Plätze und Städte. Keiner dieser Züge folgte einem größeren strategischen Plan. Sobald sich eine Gelegenheit bot, sollte sie genutzt werden. Im September 1459 erreichten den Ordensspittler Nachrichten, dass sich die Stadt Passenheim wieder dem Schutz des Ordens unterwerfen wolle. Sie bat um eine ausreichend starke Besatzung, um die innerhalb ihrer Mauern lagernden polnischen Söldner zu vertreiben. Heinrich Reuß von Plauen befahl dem in Wartenberg sitzenden Georg von Löben, mit seinen Truppen auf Passenheim vorzurücken. Georg von Schlieben schloss sich dem Zug mit einem eigenen Söldnerhaufen an. Als das Ordensheer Passenheim erreichte, öffnete die Bürgerschaft willig ihre Tore und bat Löben mit 300 Reisigen in die Stadt. Das übrige Heer sollte außerhalb der Mauern lagern, bis die Quartierfrage geklärt wäre.

Kaum waren die Tore hinter den Ordenstruppen verschlossen, da fielen die polnische Garnison und das städtische Aufgebot über Löbens Männer her. Der Hauptmann und zwanzig Mann gerieten in Gefangenschaft, die übrigen Söldner wurden niedergemacht. Anschließend überfielen die Passenheimer das vor der Stadt lagernde

232 *Vgl.:* Ebd., *S. 574.*

233 *Vgl.:* Rautenberg*: Böhmische Söldner, S. 211;* Voigt*: Geschichte Preußens, S. 575.*

234 *Vgl.: SS. rer. Pruss., S. 562.*

235 *Vgl.:* Voigt*: Geschichte Preußens, S. 578.*

236 *Vgl.:* Ebd., *S. 579.*

237 *Vgl.:* Ebd., *S. 579–580.*

238 *Vgl.:* Ebd., *S. 580–581.*

Die Plünderung des burgundischen Lagers bei Grandson
(Berner Chronik, Diebold Schilling d. Ä.)
Obwohl das Bild ein Ereignis aus den Burgunderkriegen darstellt,
haben sich Lager- und Plünderungsszenen im Dreizehnjährigen Krieg kaum anders abgespielt.

Ordensheer, zerstreuten es und machten etliche Mann nieder. Georg von Schlieben entkam mit knapper Mühe und Not.[239]

Doch selbst solche Gefechte machten nur einen geringen Teil der damaligen Kriegsführung aus. Der Alltag der Söldner bestand darin, in kleinen Gruppen Dörfer und einzelne Gehöfte zu überfallen und Fourage einzutreiben oder wichtige Handelswege zu blockieren und Kaufmannszüge zu überfallen, beziehungsweise eigenmächtig Wegzölle einzutreiben. Die Finanzmittelknappheit des Ordens und des Bundes sorgten dafür, dass beide Kriegsparteien die von ihnen geworbenen Söldner nicht unter Kontrolle halten konnten, der Krieg sich verselbstständigte und die Kriegsführung sich kriminalisierte.

Im Herbst 1459 gelang dem Orden ein kleiner außenpolitischer Erfolg. Nach langen Verhandlungen kam ein sechsjähriger Waffenstillstand mit den Herzögen von Samovitien und Masowien zustande. Dieser brachte allerdings für die Herzöge größere Vorteile mit als für den Orden. Die Territorien beider grenzten unmittelbar an den Ordensstaat. Der Waffenstillstand garantierte, dass keine der beteiligten Parteien Angriffe auf das Territorium der anderen durchführen sollte. Davon ausgenommen waren jedoch die Kriegsdienste der Herzöge innerhalb des polnischen Heeres.[240]

Am 9. November 1459 starb der Gubernator Hans von Baysen nach langer Krankheit in Marienburg. Der Preußische Bund verlor mit ihm einen seiner führenden Köpfe. Bei einer kurz darauf abgehaltenen Tagung der preußischen Stände wurde sein Bruder Stibor interimsmäßig zum stellvertretenden Gubernator gewählt.[241]

KAMPF AUF DER OSTSEE

Aufgrund der sich verschlechternden wirtschaftlichen Lage des Landes, war der Orden zunehmend auf Lebensmittelimporte angewiesen, die ihn vor allem über die Ostsee erreichten. Aber gestützt auf ihre starke Flotte gingen die Danziger rigoros gegen die neutrale Handelsschifffahrt vor, selbst gegen solche Konvois, die nicht die Ordensbesitzungen in Preußen, sondern in Livland ansteuerten. Im September 1457 kam es zu einem größeren Seegefecht zwischen einer Danziger Flotte und sechzehn dänischen Schiffen. Die Danziger griffen in der Nacht an, enterten mehrere Schiffe und töten über 300 dänische Seeleute.[242]

Im Herbst 1457 nahm der Seekrieg eine neue Dimension an. Die Hanse hatte dem Orden Unterstützung zugesagt. Lübeck sandte mehrere mit Nachschub beladene Schiffe in die Danziger Bucht, wo es immer wieder zu Seegefechten mit Schiffen aus Danzig kam.[243] Über eines berichtet der Danziger Stadtschreiber Johannes Lindau ausführlich: „*umb trent viii tage fur Martini* [4. November 1457, Anm. d. A.] *darnoch sigelten unser schnicken* [kleines, wendiges Schiff, Anm. d. A.] *und bote von Danczke aus nach der Mimel, dohin eczliche schiffe von Lubeck gesegelt waren, um unser finde do und zcu Konigsberge zcu stercken und zcu speisen. Dis wart vormeldet und funden sie alda in der Mimel vor sich, der in der zcal was xiiii, geladen mit gewande, kraute* [Pulver, Anm. d. A.], *salcz, potter, fleisch und ander fitalie* [Viktualien=Lebensmittel, Anm. d. A.]. *Dieselben schiffe unser schnicken und bote mit gewalt nomen und luden davon viii schiffe vol und brochten die hir gen Danczke, am sontage noch Martini* [13. November 1457, Anm. d. A.], *und die andern schiffe und ouch zcwou pasteien, die die von Konigsbergk in der Mimel gebauet hatten, vorbranten sie und theten in alda und och den von Lubeck grosen merglichen schaden.*“[244]

Zwar war der Orden selbst nicht in der Lage, genügend Schiffe auszurüsten und zu bewaffnen, um die Seeherrschaft Danzigs zu brechen, doch dafür standen ihm treue Verbündete zur Seite. Der dänische König verweigerte Danziger Handelsschiffen die Passage durch den Sund, womit die Handelsaktivitäten der Stadt massiv eingeschränkt wurden. Westeuropäische Kaufleute, die bisher Getreide aus Preußen importiert hatten, wurden durch die anhaltende Verwüstung des Landes ebenfalls schwer geschädigt. Statt Lebensmittel zu exportieren, musste der Orden sie vermehrt einführen. Lübecker und Pommersche Kaufleute schickten daher Schiffe mit Proviant und Waffen über Stockholm nach Livland, um die Blockade der Danziger Bucht zu umgehen. Die Stadt Amsterdam rüstete sogar eigene Kaperschiffe aus, die Jagd auf Danziger Handelsschiffe machten.[245]

Die Danziger Chroniken berichten auch über die Aufbringung eines Kaperschiffes im September 1458: „*am tage der geburt marie* [8. September, Anm. d. A.] *uff ein Freitag im furgeschribenen jare do nomen die von Danczke in der sehe mit gewalt mit iren bardtzen* [Barken, Anm. d. A.] *und schnycken ein holck, der zcu roube fur uff den kouffman, der under die Neringe was getrieben, da heuptleutte inne woren Joen Mertensson und Hans Hinricks, guter hande leuthe geborn aus Denenmarcken und Schweden, wol mit lxx personen ane die, die do in dem holcke von den unsern wurden geschlagen und erschossen, und denselben holck hatten sie den von Danczk irem borger hans Winricks, als er mit der grossen flosse* [Flotte, Anm. d. A.] *nach pfingsten von Danczke segelte, genommen. Und die Danczker schossen denselben holck, das er in die grunt ginck.*“[246] Ganz offensichtlich waren auch die kleinen Danziger Kriegsschiffe bereits mit Kanonen bewaffnet. Die Mehrheit der gefangen genommenen Besatzung wurde später in Danzig enthauptet.

Alles in allem spiegelte die Kriegsführung zur See jene an Land wider. Sie wurde mit kleinen Kaperschiffen durchgeführt und trachtete vor allem danach, den Gegner wirtschaftlich zu schädigen. Größere Seeschlachten bildeten die Ausnahme.

239 *Vgl.:* Ebd., *S. 582.*
240 *Vgl.:* Ebd., *S. 583–584.*
241 *Vgl.:* Ebd., *S. 584–585.*
242 *Vgl.:* Ebd., *S. 540–541.*
243 *Vgl.:* Ebd., *S. 544.*
244 *Zit.: SS. rer. Pruss., S. 550.*
245 *Vgl.:* Voigt: *Geschichte Preußens, S. 614.*
246 *Zit.: SS. rer. Pruss., S. 556–557.*

DER FELDZUG 1460

Der Winter 1459/60 war äußerst streng, *„so ein herter winter, so ye menschen gedencken mochte, das man von Danczke gen Heele* [Halbinsel Hel, Anm. d. A.] *uffm eise uber die gesalczene sehe gerichte zcufuhr.*“[247] Alle Parteien waren inzwischen kriegsmüde. Für den König von Polen war der Krieg lästig, da er auch andere außenpolitische Interessen verfolgte, für die großen Städte des Preußischen Bundes, da er schädlich für ihren Handel war und für den Orden, weil er ihn offensichtlich nicht mehr gewinnen konnte. Im italienischen Mantua versuchte Papst Pius II. einen Frieden zwischen dem Orden und Polen zu vermitteln. Er bereitete nach der Einnahme Konstantinopels durch die Türken einen neuen Kreuzzug vor. Für ein solches Unternehmen baute er insbesondere auf die Kraft der geistlichen Ritterorden. Die Abgesandten des polnischen Königs schlugen deswegen vor, den Deutschen Orden mit den auf Rhodos in Bedrängnis geratenen Johannitern zu vereinigen und den Ordensstaat in Preußen aufzuheben. Etliche europäische Abgesandte unterstützten den Vorschlag, nur die Mehrheit des deutschen Adels, aber auch der Papst selbst, standen dem Plan kritisch gegenüber. Um die angespannte Lage vor Ort zu beruhigen, hob Pius den von seinem Vorgänger ausgesprochenen Bann über den Bund wieder auf, in der Hoffnung, dass dieser nun Friedensgespräche aufnehmen würde. Doch auch das Angebot, einen Ausgleich durch ein Schiedsgericht unter der Leitung Herzog Albrechts von Österreich zu erwirken, wurde letztendlich nicht angenommen. Kasimir IV. befürchtete, dass der Herzog eher ein Urteil im Sinne des Ordens fällen würde. In diesem Fall war er zur Fortsetzung des Krieges bereit.[248]

Bernhard von Zinnenberg reiste im Frühjahr 1460 ins Reich, um 3.000 neue Söldner zur Verteidigung Marienburgs anzuwerben. Erst im Spätsommer, nach dem Fall der Stadt, kehrte er mit einem Teil der geforderten Kräfte zurück und eroberte die Stadt Gollub an der Drewenz.[249]

Auch Danzig hatte im Frühjahr intensive Rüstungen betrieben, ein großes Heer aufgestellt und sich mit polnischen Truppen vor Marienburg vereinigt. Die Danziger betrieben große Anstrengungen, um die ordenstreue Stadt endlich zu Fall zu bringen. Landseitig wurde die Stadt vollkommen eingeschlossen. Ein großer Erdwall umgab das Hauptlager der Belagerer, während eine gewaltige Wagenburg Marienburg von allen Kommunikationslinien abschnitt. 300 Wagen versorgten die Belagerer oder wurden zum Ausbau ihrer Befestigungsanlagen eingesetzt. Die Besatzung der Stadt war kurz vor dem Eintreffen der Danziger durch einen kleinen Söldnerhaufen unter Nikolaus von Uttenhofen verstärkt worden. Dadurch konnten zwar die Mauern wieder einigermaßen besetzt werden, allerdings fehlte es an Lebensmitteln. Wieder schickten die Verteidiger mehrere Briefe an den Hochmeister – noch war der Weg über die Nogat offen – allein es fehlte dem Orden an den nötigen Mitteln, um ein ausreichend starkes Entsatzheer aufzustellen.[250]

Es gelang dem Orden auch nicht, die Stadt mit Lebensmitteln zu versorgen. Eine von Mewe aus geschickte Weichselflottille wurde von den Danzigern abgefangen und größtenteils zerstört. Einem Lebensmittelkonvoi aus Stuhm gelang es nicht, den Ring der Belagerer zu durchbrechen. Die Danziger begannen nun auch, die Nogat mit Pfählen zu spicken und die Ufer mit Kanonen zu sichern, damit keine Schiffe mehr zur Stadt durchbrechen konnten.[251]

Im April waren die Lebensmittelvorräte Marienburgs bereits so stark zur Neige gegangen, dass Bürgermeister Blume sich gezwungen sah, Frauen und Kinder aus der Stadt zu weisen. Dies war bei mittelalterlichen und frühneuzeitlichen Belagerungen durchaus üblich. Es war aber auch ein deutliches Zeichen an die Belagerer, dass eine Stadt vor dem Fall stand und so verwundert es nicht, dass die Danziger die Frauen und Kinder nicht durch ihre Linien wiesen, sondern wieder in die Stadt zurückdrängten.[252]

Inzwischen gelang es Ludwig von Erlichshausen trotz der Zwietracht, die unter den einzelnen Ordenssöldnern herrschte, etwa 800 Reiter und 1.000 Mann Fußvolk bei Stuhm zu sammeln. Mit diesem kleinen Heer versuchte er Mitte März, den Ring der Belagerer zu durchbrechen und einen großen Lebensmittelkonvoi in die Stadt zu führen. Auch die Lage der Danziger war angespannt. Die Besatzung der Marienburger Burg litt ebenso an Lebensmittelengpässen wie die ordenstreuen Verteidiger der Stadt. Der polnische König konnte keine Verstärkungen schicken und die Stadt Thorn war nicht bereit, Danzig zu unterstützen, das unter seinen Schulden litt. Ein schneller militärischer Erfolg des Ordens hätte die Lage in Preußen noch einmal entscheidend wenden können. Auf die Nachricht vom Anmarsch des Ordensheeres sammelten die Danziger ihre Truppen und stellten sich zur Schlacht. Der Hochmeister wurde empfindlich geschlagen. Seine Truppen liefen auseinander, er selbst entging nur mit knapper Mühe und Not der Gefangenschaft und rettete sich nach Stuhm.[253]

Trotz der Niederlage war die Entscheidung um das Schicksal Marienburgs noch nicht gefallen. Die Danziger erhielten weder von Polen noch vom übrigen Bund Unterstützung. Dem Heer fehlte es an Soldaten, um alle Posten des Belagerungsringes ausreichend zu besetzen. Es war ein Glück für die Belagerer, dass der Orden nicht in der Lage war, diese Situation auszunutzen. Dem Hochmeister fehlte die nötige Tatkraft und Heinrich Reuß von Plauen war erneut ans Krankenbett gefesselt. Dennoch gelang es Erlichshausen bis Pfingsten 1460, ein neues kleines Heer auf die Beine zu stellen und nach Marienburg zu führen. Aber anstatt einen weiteren Waffengang mit den Danzigern zu riskieren, trat Georg von Schlieben im Namen der übrigen Hauptleute mit neuen Bedingungen bezüglich der ausbleibenden Soldzahlungen an den Hochmeister heran. Dem Orden fehlten die Mittel, um diese Forderungen auch nur ansatzweise zu erfüllen. Deshalb weigerten sich die Hauptleute, in den Kampf zu ziehen und somit blieb auch dieser Entsatzversuch erfolglos.[254]

247 *Zit.:* Ebd., *S. 566.*

248 *Vgl.:* Voigt*: Geschichte Preußens, S. 586–589.*

249 *Vgl.:* Rautenberg*: Böhmische Söldner, S. 246–247;* Biskup*: Söldner in den Streitkräften des Deutschordensstaates, S. 65.*

250 *Vgl.:* Voigt*: Geschichte Preußens, S. 590–591.*

251 *Vgl.: SS. rer. Pruss., S. 567.*

252 *Vgl.:* Voigt*: Geschichte Preußens, S. 592.*

253 *Vgl.:* Ebd.*, S. 593–594.*

254 *Vgl.:* Ebd.*, S. 594–595.*

Anstatt seine Truppen wenigstens als drohenden Faktor bei Stuhm zu belassen, zog der Hochmeister mit ihnen in die Preußischen Niederlande, um die zum Bund gehörende Stadt Wehlau zu belagern. Die Wehlauer hatten, während ein Großteil der Ordenssöldner in Westpreußen versammelt war, Raubzüge ins nahe Umland übernommen. Erlichshausen zog Truppen aus Labiau und Königsberg zusammen und schloss die Stadt vollständig ein. Doch die Wehlauer widersetzten sich den Sturmversuchen der Belagerer hartnäckig. Der Hochmeister hatte anscheinend mit einem schnellen Fall der Stadt gerechnet. Als er erkannte, dass sich daraus eine langwierige Belagerung entwickeln würde, zog er ab und reiste im Juli zurück nach Marienburg. Kurz vor der Stadt wurde sein Söldnerhaufen von den Danzigern angegriffen und schwer geschlagen. Die Danziger erbeuteten sämtliche Lebensmittelvorräte, die der Hochmeister der bedrängten Stadt zuführen lassen wollte. Nach diesem erneuten Rückschlag weigerten sich mehrere Hauptleute, unter anderem der eigensinnige Georg von Schlieben, überhaupt noch ins Feld zu ziehen.[255]

Die Belagerer intensivierten derweil ihre Anstrengungen, um Marienburg endlich zu Fall zu bringen. Die Burgbesatzung grub einen Tunnel in Richtung Stadt. Zeitgleich hatten die Danziger herausgefunden, dass ein Teil der flußseitigen Stadtmauer auf einem Bogen ruhte, der ebenfalls leicht untergraben werden konnte. Diese Arbeiten blieben den Verteidigern keinesfalls verborgen. Da die Danziger bereits angekündigt hatten, die Stadt nach dem Sturm zur Plünderung freizugeben, nahm der Rat nun Übergabeverhandlungen auf. Diese mündeten am 6. August in einen Vertrag, der vom Rat der Stadt, Teilen der Bürgerschaft, dem stellvertretenden preußischen Gubernator Stibor von Baysen und dem Hauptmann der Marienburg Jan von Koszczelecz unterzeichnet wurde. Darin wurde den Bürgern die Schonung ihres Eigentums und die Bestätigung ihrer Rechte zugesagt, wenn sie sich ergeben würden. Diejenigen, die Marienburg verlassen wollten, sollten in jeder anderen Stadt des Königreiches Polen sofort das Bürgerrecht erhalten. Am folgenden Tag, dem 7. August 1460, zog das siegreiche Danziger Heer in die Stadt ein. Ordenshauptmann Trotzler, der den Vertrag nicht unterzeichnet hatte, wurde mit 14 Knechten und drei Ordensrittern gefangen genommen. Auch Bürgermeister Blume war an den Verhandlungen nicht beteiligt gewesen. Er wurde in einem Eilverfahren verurteilt und schon am 8. August geköpft und anschließend gevierteilt.[256] Burg und Stadt Marienburg befanden sich nun endgültig in der Hand des Bundes und Polens.

Nach dem Fall Marienburgs konzentrierte der Hochmeister seine Aufmerksamkeit wieder auf die Belagerung Wehlaus. Der Preußische Bund rüstete eine Flotte von 24 Schiffen zum Entsatz der Stadt aus. Die bündischen Truppen sollten nahe der Stadt Balga landen, in das Ermland einfallen und den Hochmeister somit zwingen, seine Truppen aufzuteilen. Doch noch während der Landung wurde das Heer durch Söldner des Komturs von Balga, Friedrich Flach von Schwarzburg, angegriffen und schwer geschlagen. Die bündischen Truppen zogen sich auf ihre Schiffe zurück und unternahmen in der Folge nur noch kleinere überfallartige Raubzüge auf küstennahe Dörfer, die keinen Einfluss auf die Belagerung Wehlaus hatten.[257]

Tatsächlich gelang es dem Orden, die militärische Lage in Ostpreußen zu stabilisieren. Die meisten Hauptleute nahmen willig an der Belagerung teil. Mehrere Städte öffneten den Ordenstruppen ihre Tore. Nachdem Paul von Logendorf zum Bischof von Ermland ernannt worden war und sich um einen Ausgleich zwischen dem Domkapitel und den hier stationierten Söldnern bemühte, zeigte sich sogar Georg von Schlieben wieder bereitwilliger, an gemeinsamen Feldzügen teilzunehmen.[258]

Schlieben und etliche andere namhafte Hauptleute begaben sich mit ihren Haufen nach Wehlau, wo der Hochmeister Anfang September 1460 wieder ein stattliches Heer versammeln konnte. Dennoch zog sich die Belagerung über mehrere Wochen hin. Die Wehlauer planten ihrerseits einen Überraschungsangriff auf das Ordensheer. Zwei gekaufte Verräter sollten nachts das Lager in Brand stecken. Die dadurch ausgelöste Verwirrung wollte das städtische Aufgebot für einen Ausfall nutzen, um die schweren Kanonen des Ordens unbrauchbar zu machen und so viel Schaden unter den Söldnern anzurichten wie nur möglich. Erst im letzten Augenblick wurde der Anschlag vereitelt.[259]

Je länger sich die Belagerung hinzog, desto verzweifelter wurde die Lage der Verteidiger. Vom Bund und vom polnischen König war keine Unterstützung zu erwarten. Bald war der Moment erreicht, wo erste Teile der Bürgerschaft bereit waren, Verhandlungen aufzunehmen. Es kam zu einer Spaltung der Besatzung, die schließlich sogar zu blutigen Auseinandersetzungen führte. Am 14. Oktober 1460 ergab sich die Stadt.[260]

Im Westen des Landes gelang es dagegen im November einem polnischen Söldnerhaufen, die Stadt Marienwerder, nach Marienburg und Mewe das bedeutendste Ordensbollwerk zwischen Kulm und Danzig, einzunehmen. Die Ordensgarnison zog sich in die Bischofsburg zurück und leistete hier weiterhin Widerstand, der die Polen schwere Verluste kostete. Heinrich Reuß von Plauen eilte mit einem Entsatzheer nach Marienwerder. Doch die Polen plünderten die Stadt, brannten sie nieder und zogen sich anschließend sofort wieder zurück.[261] Im Gegenzug stieß Bernhard von Zinnenberg auf Schwetz vor und nahm die Stadt ein, sodass der Orden auch die Weichselschifffahrt erfolgreich blockieren konnte.[262]

Inzwischen hatte Fritz von Raveneck, Hauptmann von Mewe und Neuenburg zusammen mit der Besatzung von Konitz einen erfolgreichen Feldzug nach Kaschubien unternommen. Söldnerkontingente unter Graf Hans von Gleichen nahmen im September ein Danziger Vorwerk nahe dem Dorf Praust ein. Als die Danziger den Angriff bemerkten, unternahm das städtische Aufgebot einen Ausfall, wurde aber mit Verlusten von mehr als 350 Mann

255 *Vgl.:* Ebd., *S. 595–596.*

256 *Vgl.: SS. rer. Pruss., S. 567;* Hoburg*: Danzig während der Belagerung Marienburgs, S. 208–209.*

257 *Vgl.: SS. rer. Pruss., S. 570.*

258 *Vgl.:* Voigt*: Geschichte Preußens, S. 600.*

259 *Vgl.:* Ebd., *S. 601.*

260 *Vgl.:* Ebd., *S. 601.*

261 *Vgl.:* Rautenberg*: Böhmische Söldner, S. 213-214;* Voigt*: Geschichte Preußens, S. 603–604.*

262 *Vgl.:* Biskup*: Söldner in den Streitkräften des Deutschordensstaates, S. 66.*

zurückgeschlagen. Die Ordenssöldner nahmen mehrere Ratsherren gefangen. Schließlich drangen sie bis in die Vorstädte der Handelsstadt vor, wo sie raubten und plünderten. Einen Sturm auf Danzig wagten Ravenecks Truppen jedoch nicht. Nachdem die Vororte geplündert waren, zogen sie sich in Richtung Putzig zurück. Die Gefangenen brachten ihnen wenig später ein ansehnliches Lösegeld ein.[263]

Herzog Erich II. von Stolp übergab den Ordensstreitkräften kurz darauf Lauenburg und Bütow. Mit dem Besitz dieser Burgen sowie der kleinen Hafenstadt Putzig war Danzig weiträumig eingekreist. Im Oktober marschierte schließlich ein kleines, etwa 800 Mann starkes polnisches Heer zur Unterstützung der bedrängten Stadt heran und bezog im nordwestlich von Danzig gelegenen Kloster Oliva ein Lager. Von hier aus unternahmen die Polen Streifzüge nach Kaschubien. Am 25. Oktober 1460 stießen sie dabei auf die etwa 700 Mann starke Besatzung von Putzig, die unter Fritz von Raveneck einen Ausfall unternommen hatte. Raveneck wurde geschlagen und musste sich nach schweren Verlusten wieder in die Hafenstadt zurückziehen.[264]

Die Ordenshauptleute machten sich in diesen Wochen dennoch Hoffnungen, die Stadt Danzig und damit die vielleicht hartnäckigste Gegnerin des Ordens ausschalten zu können. Kriegsmüde Bürger nahmen bereits Geheimverhandlungen auf, um den Söldnern die Tore zu öffnen. Doch der Plan wurde hintertrieben und kam nicht zur Ausführung. Militärisch war der Orden zur Einnahme der Stadt zu schwach.[265]

DER FELDZUG 1461

Auch in den Wintermonaten 1460/61 war ein Ende des Krieges nicht in Sicht. Auf einem polnischen Landtag in Petrikau hatte Kasimir IV. seinen Ständen zugesagt, Albrecht von Österreich um die Vermittlung eines Friedens zu bitten.[266]

Gleichzeitig rüstete der König ein Heer für einen neuen Kriegszug nach Polen. Kasimir verabschiedete sich nun endgültig von den großen, aber schwer kontrollierbaren und unzuverlässigen Adelsaufgeboten und setzte stattdessen auf eine kleine Anzahl professioneller Söldner. Als Befehlshaber des neuen Heeres bestimmte der König seinen Hofmarschall Piotr Dunin.

Auf Seiten des Ordens fehlte es weiterhin an einem einheitlichen Feldzugsplan. Der Krieg beschränkte sich darauf, dass die Komture und Hauptleute einzelner Städte benachbarte Orte überfielen oder dauerhaft zu besetzen versuchten. Auf diese Weise operierte Bernhard von Zinnenberg mit einem Söldnerhaufen in der Gegend von Schwetz, Georg von Schlieben im Samland. Hans Graf von Gleichen legte dem Hochmeister Pläne für einen neuen Angriff auf Danzig vor, ein Unternehmen, das – sollte es erfolgreich verlaufen – als einziges in der Lage gewesen wäre, dem Krieg eine Wendung zu geben. Aber

Eine Schlacht aus den Schweizer Kriegen
(Spiezer Chronik, Diebold Schilling d. Ä.)
Interessant bei dieser Darstellung sind vor allem die Details zur Waffenführung, wie etwa das Zuschlagen mit der hoch über dem Kopf geschwungenen Helmbarte durch die Fußsoldaten vorn links.

263 *Vgl.: SS. rer. Pruss., S. 571.*

264 *Vgl.: Biskup: Söldner in den Streitkräften des Deutschordensstaates, S. 66; Voigt: Geschichte Preußens, S. 603.*

265 *Vgl.: Voigt: Geschichte Preußens, S. 603–604.*

266 *Vgl.: Ebd., S. 611.*

Ludwig von Erlichshausen war nicht in der Lage, eine Vereinigung aller Ordenstruppen vor der Hansestadt zu koordinieren.[267]

Dennoch ging der Graf aggressiv gegen Danzig vor. Im Februar unternahm er mit der Besatzung von Putzig einen weiteren Vorstoß bis in die Vorstädte Danzigs. Die Ordenssöldner plünderten die von ihren Bewohnern verlassenen Häuser und brannten sie nieder. Einen ernsthaften Angriff auf die starken Mauern der Stadt konnten sie jedoch nicht wagen.[268]

Auch der Binnenhandel Danzigs war bedroht. Die starken Ordensgarnisonen auf Mewe und Neuenburg fingen immer wieder Handelsschiffe ab, die die Weichsel hinauf nach Thorn fuhren. Danzig war schließlich gezwungen, große Konvois zusammenzustellen und mit einer ausreichenden Zahl Bewaffneter zu versehen, um seine Schiffe zu schützen.[269]

Die erste Hälfte des Jahres 1461 verging mit einer Reihe bedeutungsloser Scharmützel. Im Sommer nahm die Gefahr eines neuen polnischen Einfalls im Kulmerland jedoch Gestalt an. Hastig wurden die Ordensgarnisonen in Kulm, Stuhm und Preußisch Mark verstärkt. Zeitgleich stand ein kleines Ordensheer unter Heinrich Reuß von Plauen vor Mohrungen. Der Ordensspittler wollte die Belagerung der Stadt nun zügig zum Abschluss bringen, um seine Truppen ins Kulmer Land zurückzuführen.[270]

Als Kasimirs Heer sich im August endlich in Bewegung setzte, wandte es sich allerdings nicht ins Kulmer Land, sondern nach Pommerellen. Die Polen belagerten Friedland, das sich nach acht Tagen ergab. Der Besatzung wurde freier Abzug nach Konitz gewährt. Dann geriet der polnische Feldzug ins Stocken. Kasimir zog selbst nach Konitz und schloss die Stadt ein. Lang anhaltender, kalter Regen behinderte die Belagerungsarbeiten. Schließlich brach im polnischen Heer eine Meuterei aus. Mitte September gab der König die Belagerung auf. Sein Heer kehrte unverrichteter Dinge nach Polen zurück.[271]

Derweil schüttelte eine Reihe kriegsmüder preußischer Städte die polnische Herrschaft ab. Braunsberg nutzte die Abwesenheit des polnischen Stadthauptmanns, der sich dem Feldzug des Königs angeschlossen hatte, aus, sammelte ein Bauernaufgebot aus den umliegenden Dörfern und verjagte die polnischen Söldner. Anschließend bat der Rat der Stadt die Komture von Balga und Heiligenbeil um Unterstützung. In einem gemeinsamen Feldzug sollte nun auch Frauenburg erobert werden, das von böhmischen Söldnern des Bundes besetzt war. Tatsächlich gelang es dem Orden, vor allem durch die Aufbringung weiterer Bauernaufgebote, bis Anfang Oktober ein Heer aufzustellen und die Stadt einzuschließen. Doch die polnischen Garnisonen in Preußisch Holland und Wormditt schlossen sich ebenfalls zusammen, um die Stadt zu entsetzen. Den gut ausgebildeten Söldnern hatten die Bauernaufgebote wenig entgegenzusetzen. In dem anschließenden Kampf wurden sie schwer geschlagen. Angeblich fielen in diesem Gefecht 600 Bauern, 100 wurden gefangen genommen und 60 in einer Kirche, in die sie sich geflüchtet hatten, verbrannt.[272]

Zur gleichen Zeit, Mitte September 1461, war es Heinrich Reuß von Plauen gelungen, Mohrungen einzunehmen. Die Stadt musste sich nach mehrwöchiger Belagerung ergeben, da ihr die Lebensmittel ausgingen. Allerdings ließ der Spittler nur wenige Soldaten als Besatzung zurück, sodass der Preußische Bund Mohrungen bereits im Oktober mithilfe der Bürgerschaft zurückgewinnen konnte.[273]

Dagegen scheiterte ein weiterer Versuch des Hauptmanns Fritz von Raveneck zur Einnahme von Danzig. Wie im Vorjahr hatte der Hauptmann Kontakte zu unzufriedenen Danziger Bürgern geknüpft, die ihm in einem günstigen Moment die Tore öffnen wollten. Im November schien die Zeit für ein solches Vorhaben gekommen zu sein, nachdem eine Danziger Flotte mit 400 Soldaten zum Frischen Haff aufbrach. Aber wie schon im Vorjahr wurde der Verrat im letzten Moment aufgedeckt, die Drahtzieher des Unternehmens verhaftet und anschließend hingerichtet.[274]

Ein weiteres, nicht unbedeutendes Problem der verworrenen Feldzüge jener Kriegsphase bestand darin, dass es einer Partei zwar des Öfteren gelang, eine Stadt einzunehmen, die dazugehörigen Burgen jedoch bei ausreichender Besatzung den Angriffen widerstehen konnten und die dortigen Garnisonen sich beim Abzug der Belagerer sofort wieder der Städte bemächtigten. Dies geschah beispielsweise in Strasburg, das nach dem Fall von Mohrungen von einem kleinen Ordensheer gestürmt und gebrandschatzt wurde. Die polnische Garnison in der Burg blieb unbehelligt und versuchte, die nach der Eroberung in der Stadt verbliebenen Ordenssöldner sogleich wieder zu vertreiben.[275]

DIE SCHLACHT BEI SCHWETZIN 1462

Mit dem Ende der Feldzugsaison 1461 begann die Zeit der neuen Verhandlungen zwischen dem Orden und Polen über einen möglichen Frieden, aber auch zwischen dem Preußischen Bund und König Kasimir über Waffenhilfe für das kommende Kriegsjahr. Wie so oft scheiterten die Friedensgespräche an Detailfragen und das, obwohl alle Kriegsparteien sich gegenseitig im Würgegriff hielten und wirtschaftlich schwer schädigten. So brachte die immer noch starke Ordensgarnison in Mewe die Weichselschifffahrt, die für Polen, aber insbesondere für Danzig von großer Bedeutung war, nahezu vollständig zum Erliegen.[276]

Kasimir IV. war bereit, ein weiteres Mal ein Heer nach Preußen zu entsenden. Im Februar 1462 begleitete der König die Truppen unter Piotr Dunins Führung bis an die Grenze. Das Heer bestand aus 2.000 kriegserfahrenen Söldnern und etwa 200 tartarischen Reitern. Dunin sollte zunächst Strasburg entsetzen. Der Orden hatte die

267 *Vgl.:* Ebd., *S. 612.*

268 *Vgl.: SS. rer. Pruss., S. 579.*

269 *Vgl.:* Voigt: *Geschichte Preußens, S. 614.*

270 *Vgl.:* Ebd., *S. 614–615.*

271 *Vgl.:* Ebd., *S. 616.*

272 *Vgl.: SS. rer. Pruss., S. 580–581;* Rautenberg: *Böhmische Söldner, S. 216–217.*

273 *Vgl.:* Voigt: *Geschichte Preußens, S. 618–619.*

274 *Vgl.:* Ebd., *S. 618–619.*

275 *Vgl.:* Ebd., *S. 619.*

276 *Vgl.:* Ebd., *S. 621–623.*

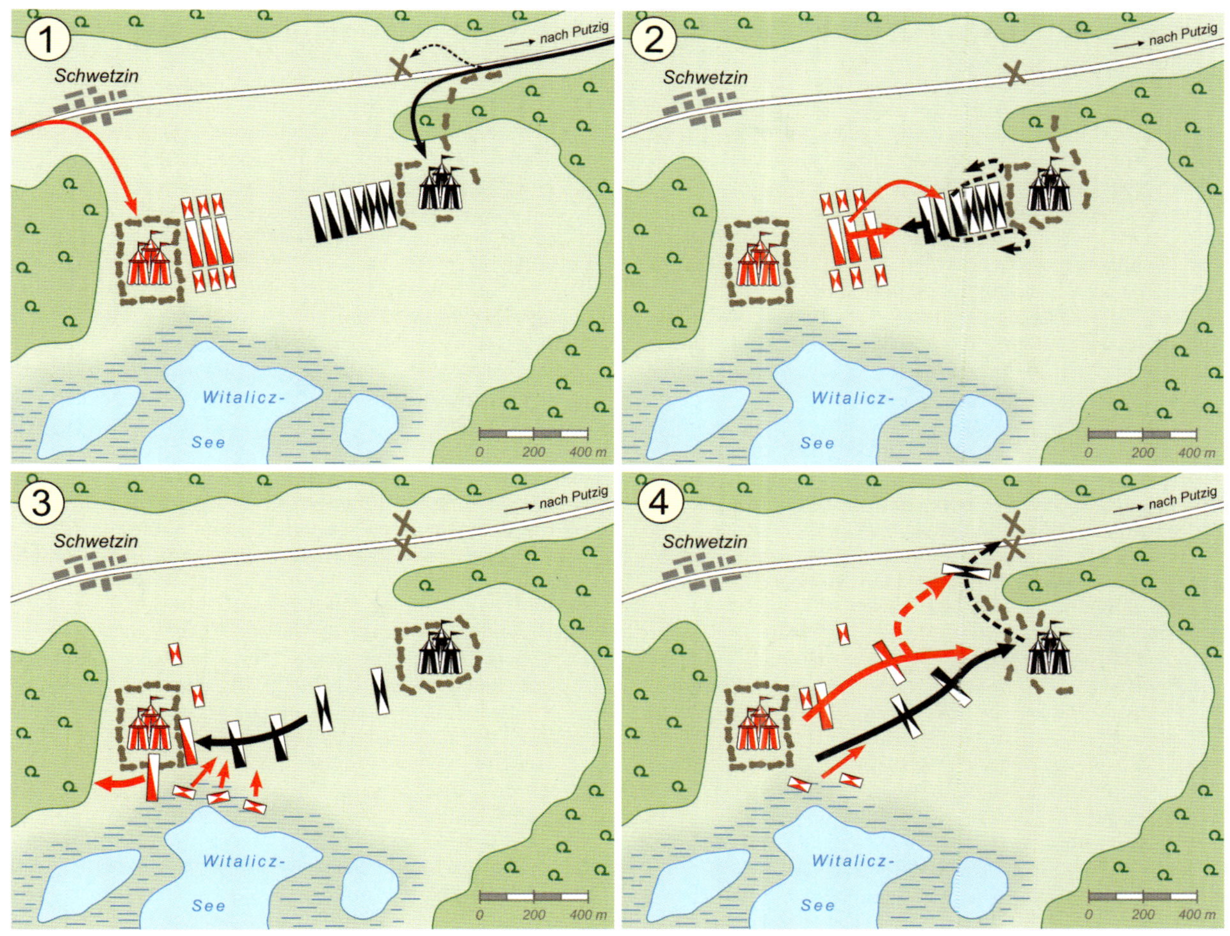

Die Schlacht bei Schwetzin 1462

Stadt im Winter besetzt und die polnische Garnison in die Burg zurückgetrieben. Obwohl das polnische Heer den Belagerern weit überlegen und gut mit Lebensmitteln versorgt war, zögerte Dunin, eine Schlacht anzunehmen. Schließlich musste die Burg kapitulieren.[277]

Nach diesem ersten Rückschlag wandten sich die Polen gegen Kulm. Dunin hoffte, die Stadt mithilfe eines zusätzlichen Aufgebots aus Thorn einnehmen zu können. Doch die erhofften Verstärkungen blieben aus und somit endete auch dieses Unternehmen mit einem Fehlschlag.[278]

Wie in den vorangegangenen beiden Kriegsjahren wurde der Krieg in Kaschubien besonders heftig geführt. Anfang Februar drang ein Aufgebot der Danziger in den Putziger Winkel vor. Hier wurden sie allerdings von einem Söldnerhaufen des Ordens unter Balthasar von Dohna schwer geschlagen.[279]

Die Vielzahl kleiner, aber empfindlicher Rückschläge führten dazu, dass auch der Preußische Bund bereits im Frühjahr wieder Friedensverhandlungen aufnahm. Doch es schien unmöglich, die Interessen des Ordens, Polens und des Bundes unter einen Hut zu bekommen. Die Verhandlungen führten zu keinem Ergebnis.[280]

Im Juli 1462 erschien ein kleines, etwa 1.500 Mann starkes Ordensheer vor Danzig. Den Befehl führten Fritz von Raveneck und Kaspar Nostitz, zwei der erfahrensten Heerführer des Ordens. Ihre Truppen bestanden aus Aufgeboten der westpreußischen und kaschubischen Garnisonen, Konitz, Bütow, Lauenburg und Putzig. Beide planten einen Feldzug zur Schwächung der Handelsmetropole. Sie blockierten die Hauptwasserleitung

277 *Vgl.:* Ebd., *S. 623.*

278 *Vgl.:* Ebd., *S. 623.*

279 *Vgl.:* Ebd., *S. 623–624.*

280 *Vgl.:* Ebd., *S. 625–626.*

der Stadt, den Radaunekanal *(Kanał Raduni)*, und marschierten dann nach Süden, um Dirschau zu belagern. Die Danziger konnten den Kanal zwar wieder öffnen, aber ihnen war bewusst, dass das kleine Ordensheer eine große Bedrohung darstellte. Daher wandten sich die Stadträte an Kasimir und baten um Beistand. Der König befahl Piotr Dunin, das Ordensheer zu stellen.[281]

Dunin erreichte Danzig am 9. September 1462 mit nur noch etwa 1.000 Mann, da er unterwegs Truppen als Garnison in den von ihnen eroberten Burgen zurückließ. Seine kleine Streitmacht bestand aus 112 vollbewaffneten Rittern, 200 bis 300 Mann litauischer und tartarischer Reiterei und 400 Mann Fußvolk. Danzig stellte den Polen noch 700 böhmische Söldner zur Verfügung, sowie 300 Mann des städtischen Aufgebots.[282]

Dunin wandte sich nach Kaschubien. Die Ordensburg Putzig ließ er unbehelligt, dafür plünderten seine Söldner das offene Land, das noch mehrheitlich vom Orden kontrolliert wurde. Nachdem er eine Weile an der Küste entlanggezogen war, wandte er sich südwärts und erreichte am 16. September das kleine Dörfchen Schwetzin *(Świecino)*, unweit des Klosters von Zarnowitz.[283]

Das Gelände, auf dem die Polen ihr Lager bezogen, war von sanften Hügeln, dichten Wäldern und einigen Sümpfen durchzogen und somit schwer einsehbar. Durch Schwetzin verlief die Landstraße, die Zarnowitz mit Putzig verband. Südlich dieser Straße bezogen die Verbündeten ihr Lager, das im Westen durch einen Wald und im Süden durch den Witalicz-See gut geschützt war. Aus ihren mitgeführten Kriegswagen bildeten die Polen eine Wagenburg.[284]

Fritz von Raveneck und Kaspar Nostitz waren Dunin gefolgt und versuchten, ihn ihrerseits zur Schlacht zu stellen. Am Morgen des 17. September erreichten sie die Lichtung, die die Felder Schwetzins im kaschubischen Wald bildeten. Von hier aus war das polnische Lager gut einsehbar. Raveneck befahl nun seinerseits die Bildung einer Wagenburg. Zahlenmäßig war sein Heer dem Piotr Dunins überlegen. Es bestand aus etwa 1.000 Mann Söldnerreiterei, 400 Söldnern zu Fuß und 1.300 Bauern aus den Aufgeboten des umliegenden Landes, die vermutlich nur mangelhaft ausgerüstet und ausgebildet waren. Insgesamt zählte die Ordensstreitmacht etwa 2.700 Mann. In Erwartung des Sieges ließ Raveneck die Bauern Bäume fällen, um die Straße nach Putzig zu sperren.[285]

Während die Ordenstruppen noch dabei waren, ihre Wagenburg zu errichten und die Straße zu sperren, entschloss sich Dunin, dem Feinde entgegenzumarschieren. Seine Kavallerie bildete drei Linien, wobei die Masse der schweren Reiter zunächst vorn positioniert wurde. Die verbliebenen schweren Reiter standen im Zentrum der hinteren Treffen, flankiert von der leichten Reiterei. An den Flügeln marschierte das Fußvolk auf, wobei die Pavesenträger eine geschlossene Front bildeten, hinter der sich die Armbrustschützen sammelten. Das Danziger Stadtaufgebot verblieb in der Wagenburg.[286]

Raveneck wurde durch den Ausmarsch der Polen überrascht. Da die Wagenburg seines Heeres noch nicht fertig war, entschloss er sich, dem Kontrahenten entgegenzuziehen. Auch er bildete mit seiner Reiterei drei Treffen, positionierte die Infanterie allerdings dahinter. Das Fußvolk sollte den Fuhrpark und die Geschütze sichern, bis die Wagenburg fertiggestellt war.[287]

Der Aufmarsch der Ordenstruppen war noch nicht abgeschlossen, als die schwere polnische Reiterei, geführt von Paweł Jasieński, zum Angriff überging. Die Attacke traf das erste Treffen des Ordens von vorn und in der Flanke. Der Danziger Chronist Johannes Lindau schrieb: *„und zcogen in entgegen mit dem ganczen hauffen beide zcu rosze und zcu fusze und sprengeten an und troffen mit einander, das die holczer* [Lanzen, Anm. d. A.] *in die lufft zcu stucken sprungen, und brochen der hern soldener ire spicze.“*[288] Die Polen durchbrachen die Linie des Gegners und drangen auf die dahinter stehende, leichter bewaffnete Kavallerie ein. Der polnische Angriff schien erfolgreich und Raveneck sah sich gezwungen, seine Reiterei bis an die Wagenburg zurückzuziehen. Hier gelang es ihm und Nostitz, die Reiter wieder zu sammeln und einen Gegenangriff durchzuführen. Die Polen wurden zurückgedrängt und es entspann sich ein angeblich dreistündiger harter Nahkampf. In Anbetracht der überschaubaren Größe beider Heere wurde dieser Kampf sicherlich mehrfach unterbrochen, damit die Reiter ihre Pferde wechseln konnten.[289]

Aber erst nach diesen drei Stunden einigten sich beide Seiten auf eine Unterbrechung des Kampfes, um die Verwundeten vom Schlachtfeld zu bergen. Am Nachmittag wurde die Schlacht fortgeführt. Jetzt gelang es der Ordensreiterei, die polnischen Ritter zurückzudrängen. Dunin zog seine Reiter auf die eigene Wagenburg zurück. Raveneck glaubte, dass die Schlacht sich nun entscheidend zu seinen Gunsten wendete und setzte zur Verfolgung an. Dabei übersah er jedoch die polnisch-bündische Infanterie, die sich teilweise im hohen Schilf an den Ufern des Sees, teils auf offenem Feld an seiner linken Flanke aufhielt. Raveneck und seine Ritter preschten in eine Gasse und wurden mit einem Bolzenhagel begrüßt. Innerhalb weniger Minuten stiegen die Verluste der Ordensreiterei dramatisch an. Auch Raveneck wurde getroffen. Der Angriff musste abgebrochen und die verbliebenen Reiter auf die Wagenburg zurückgezogen werden. Hier sammelte Raveneck die noch kampffähigen Berittenen und führte sie nochmals vor, erneut direkt ins Feuer der polnisch-bündischen Armbrustschützen. Der erfahrene Hauptmann wurde durch einen Bolzen tödlich getroffen. Mit ihm fiel die Masse seiner Reiter.[290]

Die wenigen Überlebenden versuchten, sich in die Wagenburg zu retten. Ihr Anblick versetzte das Fußvolk in Panik. Ohne in den Kampf eingegriffen zu haben, flohen die Bauern und die Söldner, auch Kaspar von Nostitz. Die Straßensperre, die Raveneck vor der Schlacht hatte errichten lassen, erwies sich nun als Todesfalle für seine eigenen Truppen. Die polnische Kavallerie ging wieder zum Angriff vor und machte die Masse des Ordensheeres nieder. Kaspar von Nostitz entkam

281 *Vgl.:* Dean: *The turning point, S. 28.*

282 *Vgl.: SS. rer. Pruss., S. 592;* Dean: *The turning point, S. 29.*

283 *Vgl.: SS. rer. Pruss., S. 592–593;* Dean: *The turning point, S. 29.*

284 *Vgl.:* Dean: *The turning point, S. 29.*

285 *Vgl.: SS. rer. Pruss., S. 593;* Dean: *The turning point, S. 29.*

286 *Vgl.:* Ebd., *S. 32.*

287 *Vgl.:* Ebd., *S. 32.*

288 *Zit.: SS. rer. Pruss., S. 593–594.*

289 *Vgl.:* Dean: *The turning point, S. 32.*

290 *Vgl.:* Ebd., *S. 32.*

mit einer Handvoll Männer. Lediglich die Besatzung der Wagenburg unter Hauptmann Schönaich leistete eine Weile Widerstand, ehe das polnische Fußvolk die Verteidigung durchbrach.[291]

Die Angaben über die Verluste des Ordens schwanken. Einige Quellen sprechen von 1.000, andere sogar von 2.000 Toten. An die 70 Reiter gerieten auf dem Schlachtfeld in Gefangenschaft und wurden anschließend auf Ehrenwort entlassen. Darüber hinaus fielen den Siegern etwa 500 Mann des Fußvolks in die Hände. Im Ordenslager erbeuteten die Polen 200 Wagen mit den Vorräten des Heeres und etwa 15 Büchsen. Die Danziger nahmen sich die Hälfte der Wagen. Was an Beute nicht mitgeführt werden konnte, wurde verbrannt. Die Verbündeten verloren etwa 100 Tote und 150 zum Teil schwer Verwundete. Piotr Dunin war bereits zu Beginn des Kampfes schwer verletzt worden. Entgegen den Forderungen einiger seiner Untergebenen, die geschwächte Garnison von Putzig in ihre Hände zu bringen, kehrte der polnische Hauptmann mit seinem Heer nach Danzig zurück, wo er kurz darauf Verstärkung durch 500 Reiter unter Wojciech Górski aus Thorn erhielt. Ritterlich, wie er war, ordnete er an, dass Fritz von Ravenecks Leichnam nach Putzig überführt werden sollte. Der Orden ließ ihn später im Kloster Zarnowitz beisetzen.[292]

Dunin ist in der Folge oft dafür kritisiert worden, dass er seinen Sieg nicht ausnutzte und die Ordensgarnisonen in Putzig, Lauenburg oder Bütow einnahm, was ja seinem ursprünglichen Plan entsprach. Seine Verwundung mag für die Entscheidung eine wichtige Rolle gespielt haben. Möglicherweise hielt er sein Heer auch für zu geschwächt für einen weiteren Waffengang. Denn kurz nach der Schlacht traf Herzog Erich von Pommern mit 600 Mann, die als Verstärkung für das Ordensheer gedacht waren, nahe Zarnowitz ein. Zwar zog er sich, nachdem er die Nachricht von der Niederlage erhalten hatte, wieder zurück, aber wahrscheinlich fehlten Dunin genaue Informationen über die Größe und die Absichten dieses Heeres, weswegen er eine zweite Schlacht nicht riskieren wollte.[293]

291 Vgl.: Ebd., S. 32–33.

292 Vgl.: SS. rer. Pruss., S. 594; Dean: The turning point, S. 33.

293 Vgl.: Ebd., S. 33.

DAS ENDE DES KRIEGES

Zarnowitz ist immer wieder als Wendepunkt des Krieges bezeichnet worden. Das Heer Ravenecks und Nostitz' bestand immerhin aus den erfahrensten und aktivsten Söldnern, über die der Orden verfügte. Tatsächlich standen etliche kaschubische Städte den siegreichen Verbündeten wehrlos gegenüber. Auch im Kulmerland verkomplizierte sich die Lage. In Kulm selbst musste Bernhard von Zinnenberg mit ansehen, wie Tag für Tag Söldner seine Garnison verließen, da sie seit längerem keine Bezahlung mehr erhalten hatten. Die Besatzung von Mewe war stark geschwächt und stellte für die Danziger Weichselschifffahrt keine unüberwindliche Bedrohung mehr dar. Die Hansestadt erholte sich rasch und mit ihrer wirtschaftlichen Potenz wuchs auch die militärische Stärke des Bundes bald wieder an.[294]

Mit Beginn des Jahres 1463 lag das Übergewicht auch bei den kleinen Plünder- und Raubzügen eindeutig bei den Truppen des Bundes. Der Orden hatte Mühe, seine schwindenden Kräfte in den Städten zu erhalten. Lediglich die verbliebenen Söldner in Pommerellen und Kaschubien unter Heinrich von Gleichen konnten noch kleinere Erfolge erzielen. Als im Januar 1463 ein Danziger Heerhaufen bis nach Stolpe vordrang und aus den ordenstreuen Dörfern gewaltige Viehherden zusammenraubte, versperrten ihnen Söldner aus Bütow und Lauenburg den Rückweg und rieben sie nahezu vollständig auf.[295]

Auf Bitten des Hochmeisters versuchte der Papst ein weiteres Mal, einen Frieden zu vermitteln. Aber auch dieses Mal konnten sich die in Brzese zusammengetroffenen Gesandten nicht einigen, denn Ludwig von Erlichshausen war nicht bereit, die Herrschaft des Ordens über Thorn, Elbing und Danzig aufzugeben.[296]

Der Hochmeister besaß noch immer die Hoffnung, Danzig zurückgewinnen zu können. Es gab neue Geheimverhandlungen des Ordens mit einigen Danziger Bürgern, die sich bereit zeigten, im Falle eines Angriffs die Stadttore zu öffnen. Auch die Zimmermannszunft plante einen Aufstand. Zusammen mit Ordenssöldnern, die in die Stadt geschmuggelt wurden, sollte der Rat getötet werden. Erst im letzten Moment wurde das Komplott aufgedeckt und die Rädelsführer und die infiltrierten Soldaten am 13. Juli 1463 in den Straßen niedergemacht. Dreiundzwanzig Verräter wurden hingerichtet, etliche mehr als Ruderskiaven an die Schiffe der Stadt abgegeben.[297]

Die wiederholten Versuche des Ordens, Danzig durch Verrat zu Fall zu bringen, führten in der Hansestadt zu der Einsicht, dass sie ihre militärischen Bemühungen auf die Eroberung strategisch wichtiger Plätze konzentrieren musste. Unterstützt durch Aufgebote der anderen Bundesstädte zog noch Ende des Monats Juli ein Heer nach Mewe. Die Stadt an der Weichsel blockierte

294 Vgl.: Voigt: Geschichte Preußens, S. 634–636; Dean: The turning point, S. 33–34.

295 Vgl.: Voigt: Geschichte Preußens, S. 636.

296 Vgl.: Ebd., S. 636–640; Biskup/Labuda: Die Geschichte des Deutschen Ordens in Preußen, S. 445–446.

297 Vgl.: SS. rer. Pruss., S. 601–603; Biskup: Söldner in den Streitkräften des Deutschordensstaates, S. 66; Dean: The turning point, S. 33–34.

noch immer den Fluss als wichtigste Kommunikations- und Versorgungslinie. Nachdem die Bundestruppen die Belagerung aufgenommen hatten, schlossen sich ihnen polnische Verbände unter Piotr Dunin an, der auch den Oberbefehl übernahm. Die Belagerer schlossen die Stadt auf der Landseite vollständig ein und errichteten an taktisch wichtigen Punkten große Erdschanzen. Eine Danziger Flottille ankerte an den Ufern der Weichsel.[298]

Der Hochmeister wusste um die strategische Bedeutung der Stadt und setzte alles daran, sie zu entsetzen. Er entwarf einen komplizierten Plan zur Rettung Mewes. Von Königsberg aus sollte eine Flotte aus 44 Booten und einigen kleinen Galeeren mit 1.500 Soldaten *„das meiste teil mit harnisch"*[299] und 1.000 Mann Besatzung über Nebenflüsse der Weichsel nach Mewe segeln. Ein zweites Heer von 2.000 Mann unter Heinrich Reuß von Plauen sollte sich mit der Flotte vereinigen und anschließend das Belagerungsheer angreifen. Doch die Danziger bekamen Wind von dem Vorhaben und blockierten die geplante Vormarschroute der Flotte am Fluss Elblag nahe dem Dorf Fürstenwerder. Als die Ordensschiffe am 9. September 1463 die Sperren erreichten, begannen die mitgereisten Söldner zunächst, das Umland zu verheeren. Vier Tage später beschloss die Flotte, unverrichteter Dinge wieder abzuziehen. Inzwischen hatte sich eine Danziger Flotte mit Schiffen aus Elbing vereinigt und jagte das Geschwader des Ordens ins Frische Haff. Am Morgen des 15. September konnten die Ordensschiffe zur Schlacht gestellt werden. Sie hatten in der Nacht den Schutz der Küste gesucht und wurden nun von der bündischen Flotte umzingelt. Diese war zwar zahlenmäßig unterlegen und bestand lediglich aus etwa 25 bis 30 kleineren Fahrzeugen mit 700 Mann Besatzung. Aber ihre Kapitäne verfügten über wesentlich mehr Erfahrung als die Söldner auf den Ordensschiffen, die zudem an der Küste in ihrer Manövrierfähigkeit eingeschränkt waren. Der Kampf entwickelte sich sehr einseitig. Die Danziger und Elbinger kaperten einen Großteil der Ordensflotte, töteten 1.700 Mann und machten 540 Gefangene. Nur fünf Boote mit 200 Reitern, dem Hochmeister und Bernhard von Zinnenberg konnten entkommen. Das Heer des Ordens, das noch nahe Danzig stand, teilte sich daraufhin in mehrere kleine Gruppen auf. Eine 300 Mann starke Abteilung, die der Flotte zu Hilfe eilen wollte, wurde wenig später von den Bundestruppen umzingelt und aufgerieben. Mewe widerstand der Belagerung noch mehrere Monate. Erst im Januar 1464 ergab sich die Besatzung und durfte die Burg verlassen.[300]

Inzwischen hatte Bernhard von Zinnenberg Verhandlungen mit dem König von Polen und den Herzögen von Masowien und Stolpe aufgenommen. Im Dezember 1463 schloss er einen Waffenstillstand ab, der seine Streitkräfte bis zum offiziellen Friedensschluss neutralisierte. Weder durfte Bernhard von den ihm verpfändeten Burgen Kulm, Strasburg oder Althaus aus den Orden mit Nachschub versorgen, noch durfte er Gelder annehmen, um diese Burgen auslösen zu lassen. Kasimir versprach dem Hauptmann, seine Herrschaftsrechte nach einem Friedensschluss zu bestätigen. Der König brachte sich damit ohne militärische oder finanzielle Anstrengungen in den Besitz weiter Teile des Kulmer Landes. Seiner Ansicht nach sollte ein Frieden nur geschlossen werden, wenn der Orden auf seine Ansprüche auf dieses Gebiet verzichtete. Gleichzeitig war nirgends davon die Rede, dass er die Burgen bei dem Söldnerführer würde auslösen müssen.[301]

Beflügelt von diesem Erfolg versuchten die Danziger und Elbinger, Memel zu nehmen, aber der Angriff schlug fehl. Dafür blockierten ihre Schiffe die ostpreußische Küste so effektiv, dass der Orden praktisch vom Meer abgeschnitten war.[302]

In Kaschubien rückte ein neues Danziger Heer auf Putzig vor und belagerte die Stadt. Die Ordensstreitmacht hielt sechs Monate stand. Hans von Gleichen versuchte, die bedrängte Hafenstadt von Bütow und Lauenburg aus zu entsetzen, wagte aber nicht, das stark befestigte Lager der Verteidiger anzugreifen. Immerhin gelang es Balthasar von Dohna, der die Stadt so lange verteidigt hatte, für sich und seine Besatzung am Ende freien Abzug auszuhandeln. Piotr Dunin zog in der gleichen Zeit auf Neuenburg.

Ludwig von Erlichshausen bemühte sich Ende 1464, neue Söldner im Reich anzuwerben. Wieder war die Lage des Ordens prekär, denn die Söldner in Ostpreußen weigerten sich, zu kämpfen, zogen aber die Zinsabgaben etlicher Dörfer ein. Dennoch forderten sie vom Hochmeister die vollständige Auszahlung der rückständigen Soldforderungen. Daher musste der Orden seine verbliebenen Garnisonen in Westpreußen schwächen, was es den polnisch-bündischen Streitkräften ermöglichte, diese einzunehmen. Wiederholt bat Ludwig von Erlichshausen in Livland um Unterstützung. Doch der livländische Ordenszweig war selbst in Grenzstreitigkeiten mit Russland verwickelt, die ihn finanziell und militärisch banden. Mit Unterstützung der Balleien im Reich gelang es dem Hochmeister, 800 Söldner anzuwerben und im Winter nach Preußen zu führen. Harte Schneefälle führten dazu, dass dieses Heer vorerst in Stargard und Konitz fest saß. Der Hochmeister versuchte, einen gemeinsamen Feldzug mit den in Ostpreußen verbliebenen Truppen zu organisieren, um die belagerte Stadt Neuenburg zu entsetzen. Doch die ostpreußischen Söldner weigerten sich beharrlich, ins Feld zu ziehen, solange ihnen der rückständige Sold nicht gezahlt worden war. Am 1. Februar 1465 musste die Besatzung von Neuenburg ihre Waffen strecken. Damit war die Verbindung zwischen Preußen und Pommerellen gekappt. In Konitz wartete Kaspar von Nostitz den Winter über mit einem Entsatzheer von etwa 1.000 Mann. Auf die Nachricht von der Kapitulation der Stadt hin liefen die meisten Söldner jedoch wieder auseinander.[303]

Verzweifelt versuchte Heinrich Reuß von Plauen, nachdem weitere frische Söldner aus Schlesien und der

298 *Vgl.:* Biskup: *Söldner in den Streitkräften des Deutschordensstaates, S. 66;* Dean: *The turning point, S. 34.*

299 *Zit.: SS. rer. Pruss., S. 603.*

300 *Vgl.: SS. rer. Pruss., S. 603–605;* Biskup: *Söldner in den Streitkräften des Deutschordensstaates, S. 66;* Rautenberg: *Böhmische Söldner, S. 219;* Dean: *The turning point, S. 34.*

301 *Vgl.:* Rautenberg: *Böhmische Söldner, S. 219–220;* Biskup: *Söldner in den Streitkräften des Deutschordensstaates, S. 67.*

302 *Vgl.:* Voigt: *Geschichte Preußens, S. 646–647;* Dean: *The turning point, S. 34.*

303 *Vgl.:* Voigt: *Geschichte Preußens, S. 647–653;* Biskup: *Söldner in den Streitkräften des Deutschordensstaates, S. 67;* Dean: *The turning point, S. 34.*

Lausitz in Preußen eingetroffen waren, Danzig direkt anzugreifen. Mit etwa 1.000 Mann zog der Ordensspittler die Weichsel hinauf, ließ die Dörfer in der Umgebung der Stadt plündern und stellte sein Heer dann drohend vor den Mauern der Stadt auf. Von dort wurden die Söldner allerdings so heftig unter Kanonenbeschuss genommen, dass an eine ernsthafte Belagerung nicht zu denken war. Das Heer rückte wieder ab.[304]

Im August 1465 unternahm ein Söldnerhaufen aus Stargard nochmals den Versuch, Mewe zurückzugewinnen. Die Hauptleute hatten in Erfahrung gebracht, dass ein Teil der Garnison auf die umliegenden Dörfer verteilt worden war, um die Pferde besser verpflegen zu können. Es gelang den Ordenssöldnern, diese Reiter zu schlagen und einen Teil gefangen zu nehmen. Als das kleine Heer jedoch auf Mewe vorrückte, leistete die Stadtbevölkerung heftigen Widerstand. Angeblich rissen die Bürger die gepflasterten Straßen auf, um den angreifenden Soldaten die Steine entgegenzuschleudern. Nach einer viertägigen Belagerung rückten bündische und polnische Söldner zum Entsatz der Stadt heran und vertrieben den Ordenshaufen.[305]

In Folge dieses Angriffes konzentrierte der Bund seine Anstrengungen nun auf die Einnahme von Stargard. Kasimir der IV. schickte ein frisches Heer nach Preußen, das sich mit einem Danziger und einem Bauernaufgebot verband. Am 21. September 1465 wurde Stargard von den Verbündeten vollständig eingeschlossen. Die Ordensgarnison wehrte sich heftig und wandte eine ganze Reihe von Kriegslisten an. Einmal verließ ein Teil der Besatzung nachts die Burg und marschierte nach Dirschau. Am Tag machte der Haufen kehrt und näherte sich mit erbeuteten polnischen Feldzeichen dem Heer der Belagerer. Als drei polnische Hauptleute diesen vermeintlichen Verstärkungen entgegenritten, wurden sie überwältigt und als Gefangene in die Burg geführt. Doch die ernsthaften Ausfallversuche konnten die Belagerer allesamt abwehren. Kaspar von Nostitz versuchte, Stargard im Dezember 1465 mit den Söldnern aus Konitz zu entsetzen. Es gelang ihm, etwa 800 Reiter und mehr als 1.000 Fußknechte zu versammeln. Aber anstatt das Lager der Verbündeten anzugreifen, entschloss Nostitz sich dazu, diese selbst zu belagern. Innerhalb weniger Tage gingen den Verbündeten die Lebensmittel aus, sodass sie ihre Pferde nach Dirschau zurückführen mussten. Am 9. Dezember unternahm die Besatzung der Stadt einen verzweifelten Ausfall, über die Johannes Lindau sehr detailliert berichtet: „*am montage fur Lucie, do die in den pasteien widdergespeiset worden, do ruckten sie widder aus der stat mit iii grossen hauffen zwischen xi und xii zcu mittage wol mit vic* [600, Anm. d. A.] *reisigen und iiiic* [400, Anm. d. A.] *fusknechten mit leitern, exen und stormtartschen und reten in ein tal und sporten sich abe, und gingen zcu fusse und legeten der Polen pasteie an mit storme, und wen ein hauffe mude war so trat der ander zcu, sie schossen mit buchssen, sie hieben mit exen und brochten letern an die pasteie zcu ersteigen, das in alles nichts halff, went sie stunden in der pasteien fest und fochten ritterlichen und menlich widder sie wol in die virden stunden, bis es abend begunte und nacht zcu werden, und die deutschen fussknechte schossen mitt*

Frauen und Priester bergen die Gefallenen der Schlacht bei Schwaderloh
(Luzerner Chronik, Diebold Schilling d. J.)
Obwohl mehr als ein halbes Jahrhundert nach dem Dreizehnjährigen Krieg entstanden, vermittelt das Bild einen recht guten Eindruck von den Momenten nach einer spätmittelalterlichen Schlacht

304 Voigt: *Geschichte Preußens, S. 664.*
305 *Vgl.:* Ebd., *S. 674.*

buchsen und pfeile mitte zcu der seitten, so das sie musten weichen und die aus den beiden pasteien triben sie mit gewalt und mit macht widder in die stat und schlugen alles tot, was in vor quam, und behilden ire lettern und al ir stormgeczeugk von exen, holczern, buchsen etc., so das die aus der stat wol mit xxv wagenen ire toten und gewunten infurten."[306]

Das Ordensheer wurde vollständig geschlagen. Ein Teil der Söldner rettete sich in die Burg, die übrigen, darunter Kaspar von Nostitz, entkamen mit knapper Mühe und Not nach Konitz. Auch ein Großteil der Geschütze ging verloren. Ein zweiter Entsatzversuch im März 1466 scheiterte ebenso kläglich. Da Stargard quasi von bündischen Städten umgeben war, verließ die Besatzung im Juli 1466 die Stadt und marschierte nach Konitz, das am 28. Juli durch ein Heer Piotr Dunins eingeschlossen wurde. Nach knapp zweimonatiger Belagerung ergab sich Konitz am 21. September. Die letzte Ordensfestung in Pommerellen war somit gefallen. Lauenburg und Bütow wurden kurz darauf durch Nostitz und Hans von Gleichen an Herzog Erich II. von Stolp verkauft. Die beiden Hauptleute ließen den Großteil ihrer Geschütze in den Burgen zurück und verließen anschließend mit ihren Söldnern das Ordensland.[307]

Herzog Erich II. (1424-1474) verbündete sich 1455 mit König Kasimir IV. gegen den Orden, wechselte jedoch 1460 die Seiten. Nach dem Sieg der Polen bei Schwetzin kehrte er an die Seite Polens zurück, wofür er im Zweiten Thorner Frieden mit dem Besitz von Lauenburg und Bütow belohnt wurde (Ölgemälde, um 1650)

DER ZWEITE THORNER FRIEDEN

Am 19. Oktober 1466 wurde nach langen Verhandlungen der Zweite Thorner Frieden besiegelt. Der Orden musste empfindliche Gebietsverluste hinnehmen. Er verlor Pommerellen und die Gebiete an der Weichsel. Damit büßte er nicht nur die Hälfte seines Herrschaftsgebietes ein, sondern auch fast alle seiner größeren Städte. Diese Bestimmung ist zum einen politisch motiviert – Polen erhob schon seit der Inbesitznahme Pommerellens durch den Orden Anspruch auf diese Gebiete – hatte aber auch soziale Gründe. Denn die Gebiete an der Weichsel waren Kernterritorien des Bundes, der sich vom Orden lossagte. Dass der Dreizehnjährige Krieg einen typischen Ständekonflikt des 14. Jahrhunderts darstellte, der sich nicht gegen den Deutschen Orden als Korporation, sondern als Landesherren richtete, zeigt sich daran, dass es in der Folgezeit zu ähnlichen Spannungen zwischen dem Bund und dem polnischen König kam.[308]

Der Orden blieb im Besitz seiner östlichen Landeshälfte, die bisher aus überwiegend kleinen Landgütern bestanden hatte. Auch die Bistümer Pomesanien und Samland blieben ihm erhalten. Allerdings musste er den polnischen König als Lehnsherren über diese Gebiete anerkennen. Zudem forderte Polen, dass künftig die Hälfte der Ordensmitglieder aus Polen bestehen sollten. Damit sollte die Ordenspolitik im polnischen Sinne gestaltet werden. Zwar lief diese Forderung den Ordensstatuten nicht zuwider, dennoch wurde sie nicht umgesetzt. Auch in der Zukunft sollte der Orden vor allem aus deutschen Rittern bestehen.[309]

Ein großes Problem blieb vorerst ungelöst. Obwohl der Orden den Krieg verloren hatte, bestanden die finanziellen Forderungen seiner Söldner weiter. Die Verkleinerung seines Territoriums stürzte den Ordensreststaat jedoch in eine neue wirtschaftliche Krise. Die verbliebenen Söldner konnten nicht ausbezahlt werden. Stattdessen musste der Orden weite Teile seines Grundbesitzes verpfänden. So entstanden in Ostpreußen gewaltige Güterkomplexe, die sich bis zum Ende des 2. Weltkriegs erhielten. Die oftmals entwurzelten Söldnerführer, wie die sächsische Familie von Dohna, die ihre ursprüngliche Herrschaft südlich von Dresden 1402 verloren hatte, die Schliebens, oder die aus dem böhmisch-lausitzischen Raum stammenden Eulenburgs, etablierten sich als neuer preußischer Landadel. Daher sah sich die Ordensleitung in Ostpreußen bald erneut mit starken, nicht dem Orden angehörenden Ständevertretern konfrontiert.[310]

306 *Zit.: SS. rer. Pruss., S. 627.*

307 *Vgl.:* Voigt: *Geschichte Preußens, S. 676–690;* Biskup: *Söldner in den Streitkräften des Deutschordensstaates, S. 67;* Dean: *The turning point, S. 34.*

308 *Vgl.:* Biskup/Labuda: *Die Geschichte des Deutschen Ordens in Preußen, S. 446–448;* Sarnowsky: *Der Deutsche Orden, S. 105;* Boockmann: *Der Deutsche Orden, S. 207–209.*

309 *Vgl.:* Biskup/Labuda: *Die Geschichte des Deutschen Ordens in Preußen, S. 447–449;* Boockmann: *Der Deutsche Orden, S. 209–210.*

310 *Vgl.:* Sarnowsky: *Der Deutsche Orden, S. 105;* Boockmann: *Der Deutsche Orden, S. 211–212.*

UNGEDRUCKTE QUELLEN

Geheimes Staatsarchiv Preußischer Kulturbesitz

Hauptabteilung XX, OF 264 Soldzettel aus den Jahren 1455 u. 1456 [zit.: GeStaPK XX OF 264 Soldzettel].

Hauptabteilung XX, OF 265 2 Soldbücher aus dem Jahre 1456 (in einem Bande) [zit.: GeStaPK XX OF 265 2 Soldbücher].

GEDRUCKTE QUELLEN

Codex Diplomaticus Saxoniae Regiae I B 4: Die Urkunden der Markgrafen von Meißen und Landgrafen von Thüringen 1419–1427 (herausgegeben von Hans Beschorner), Leipzig-Dresden 1941 [zit.: CDS I B 4].

Palacký, František: **Urkundliche Beiträge zur Geschichte Böhmens und seiner Nachbarländer im Zeitalter Georg´s von Podiebrad (1450–1471),** Wien 1860 [zit.: Palacký: Urkundliche Beiträge].

Scriptores rerum Prussicarum. Die Geschichtsquellen der preußischen Vorzeit bis zum Untergange der Ordensherrschaft (herausgegeben von Th. Hirsch, M. Töppen, E. Strehlke), Bd. IV, Leipzig 1870 [zit.: SS. rer. Pruss.].

LITERATUR

Biskup, Marian: **Das Problem der Söldner in den Streitkräften des Deutschordensstaates Preußen vom Ende des 14. Jahrhunderts bis 1525**, in: Ordines Militares VI: Das Kriegswesen der Ritterorden im Mittelalter, hrsg. v. Zenon H. Nowak, Toruń 1991, S. 49–74 [zit.: Biskup: Söldner in den Streitkräften des Deutschordensstaates].

Biskup, Marian: **Der Deutsche Orden und die Freiheit der großen Städte in Preußen vom 13. bis zur Mitte des 15. Jahrhunderts**, in: Arnold, Udo (Hrsg.): Stadt und Orden. Das Verhältnis des Deutschen Ordens zu den Städten in Livland, Preußen und im Deutschen Reich (= Quellen und Studien zur Geschichte des Deutschen Ordens 44), Marburg 1993, S. 112–128 [zit.: Biskup: Orden und die Freiheit der großen Städte].

Biskup, Marian/Labuda, Gerard: **Die Geschichte des Deutschen Ordens in Preußen**. Wirtschaft – Gesellschaft – Staat – Ideologie (= Klio in Polen 6), Osnabrück 2000 [zit.: Biskup/Labuda: Die Geschichte des Deutschen Ordens in Preußen].

Boockmann, Hartmut: **Der Deutsche Orden**. Zwölf Kapitel seiner Geschichte, München 1981 [zit.: Boockmann: Der Deutsche Orden].

Bujack, Georg. **Das Söldnerwesen des Deutschen Ordensstaates in Preußen bis 1466**, in: Zeitschrift für preußische Geschichte und Landeskunde 6 (1869), S. 717–736 [zit.: Bujack: Das Söldnerwesen].

Czaja, Roman: **Die Krise der Landesherrschaft.** Der Deutsche Orden und die Gesellschaft seines Staates in Preußen in der ersten Hälfte des 15. Jahrhunderts, in: Ordines Militares XVI: Die Ritterorden in Umbruchs- und Krisenzeiten, Toruń 2011, S. 159–171 [zit.: Czaja: Krise der Landesherrschaft].

D´Amato, Raffaele: **The Battle of Konitz**, 1454. The last great field victory of the Teutonic Knights, in: Medieval Warfare Vol 2, Issue 2: The Thirteen Years War: The end of the Teutonic Order, S. 18–21 [zit.: D´Amato: The Battle of Konitz].

Dean, Sidney: **The turning point**. The Battle of Zarnowitz, 17 September 1462, in: Medieval Warfare Vol 2, Issue 2: The Thirteen Years War: The end of the Teutonic Order, S. 28–34 [zit.: Dean: The turning point].

Ekdahl, Sven: **Das Pferd und seine Rolle im Kriegswesen des Deutschen Ordens**, in: Ordines Militares VI: Das Kriegswesen der Ritterorden im Mittelalter, hrsg. v. Zenon H. Nowak, Toruń 1991, S. 29–47 [zit.: Ekdahl: Das Pferd].

Ekdahl, Sven: **Horses and Crossbows**. Two Important Warfare Advantages of the Teutonic Order in Prussia, in: The Military Orders, Volume 2: Welfare and Warfare (1998), S. 119–151 [zit.: Ekdahl: Horses and Crossbows].

Ekdahl, Sven: **Der 1. Thorner Frieden (1411) im Spiegel der Söldnerfrage**, in: Ordines Militares XVIII, Toruń 2013 S. 67–79 [zit.: Ekdahl: Der 1. Thorner Frieden].

Escher, Felix: **Die Mark Brandenburg unter den frühen Hohenzollern**. Eine historische Einführung, in: Knüvener, Peter/Schumann, Dirk (Hrsg.): Die Mark Brandenburg unter den frühen Hohenzollern. Beiträge zu Geschichte, Kunst und Architektur im 15. Jahrhundert (= Schriften der Landesgeschichtlichen Vereinigung für die Mark Brandenburg, Neue Folge 5), Berlin 2015, S. 17–34 [zit.: Escher: Die Mark Brandenburg].

Fuhrmann, Rolf: **Der Deutschorden**. Von Akkon bis zum Baltikum. Die Armee 1198–1420 (= Heere und Waffen 6), Berlin 2011 [zit.: Fuhrmann: Der Deutschorden].

Heckmann, Marie-Luise: **Herrschaft im Spätmittelalter – am Beispiel des Deutschen Ordens**, in: Ordines Militares XIV: Die Ritterorden als Träger der Herrschaft: Territorien, Grundbesitz und Kirche, hrsg. v. Roman Czaja, Jürgen Sarnowsky, Toruń 2007, S. 9–26 [zit.: Heckmann: Herrschaft im Spätmittelalter].

Herrmann, Christofer: **Mittelalterliche Bischofs- und Kapitelsburgen im Preußenland**, in: Burgenforschung aus Sachsen 15/16 (2003), S. 153–177 [zit.: Herrmann: Bischofs- und Kapitelsburgen].

Herrmann, Christofer: **Burgen im Ordensland Preußen**. Handbuch zu den Deutschordens- und Bischofsburgen in Ost- und Westpreußen, Petersberg 2015 [zit.: Herrmann: Burgen im Ordensland Preußen].

Hoburg, K.: **Zur Geschichte der Stadt Danzig während der Belagerung Marienburgs im Jahre 1454**, in: Neue preußische Provinz-Blätter 3 (1859), S. 171–181, 193–211 [zit.: Hoburg: Danzig während der Belagerung Marienburgs].

Iselt, Gerald: **Tannenberg 1410**. Die Niederlage des Deutschen Ordens (= Heere und Waffen 7), Berlin 2008 [zit.: Iselt: Tannenberg 1410].

Jähnig, Bernhart: **Organisation und Sachkultur der Deutschordensresidenz Marienburg**, in: Johanek, Peter (Hrsg.): Voträge und Forschungen zur Residenzenfrage (= Residenzenforschung 1), Sigmaringen 1990, S. 45–75 [zit.: Jähnig: Organisation].

Kwiatowsky, Krysztof: **Kulturelle Bedingungen der militärischen Aktivität im Spätmittelalter**: der Fall des Preußen(landes) unter der Herrschaft des Deutschen Ordens (I), in: Ordines Militares XVIII, Toruń 2013 S. 105–180 [zit.: Kwiatowsky: Kulturelle Bedingungen der militärischen Aktivität].

Kwiatowskiy, Stefan: **Verlorene Schlachten und Gefallene in der geistigen Tradition des Deutschen Ordens**, in: Ordines Militares XVI: Die Ritterorden in Umbruchs- und Krisenzeiten, Toruń 2011, S. 141–157 [zit.: Kwiatowskiy: Verlorene Schlachten und Gefallene].

Malotka, Josef: **Die Schlacht vor Konitz**, in: Altpreußische Monatsschrift 19, S. 405–412 [zit.: Malotka: Schlacht vor Konitz].

Nadolwski, Andrzej: **Die Forschungen über die Bewaffnung des Deutschen Ordens und seiner Gegner in Ostmitteleuropa**, in: Ordines Militares IV: Werkstatt des Historikers der mittelalterlichen Ritterorden. Quellenkundliche Probleme und Forschungsmethoden, hrsg. v. Zenon H. Nowak, Toruń 1987, S. 49–63 [zit.: Nadolwski: Bewaffnung des Deutschen Ordens].

Nicolle, David: **Teutonic Knight 1190–1561**, Oxford 2007 [zit.: Nicolle: Teutonic Knight].

Ohler, Norbert: **Krieg und Frieden am Ausgang des Mittelalters**, in: Duchhardt, Heinz/Veit, Patrice: Krieg und Frieden im Übergang vom Mittelalter zur Neuzeit. Theorie – Praxis – Bilder, Mainz 2000, S. 1–12 [zit.: Ohler: Krieg und Frieden].

Ortenburg, Siegfried: **Waffen der Landsknechte 1500–1650**, Bonn 1984 [zit.: Ortenburg: Waffen].

Rathgen, Bernhard: **Die Pulverwaffe im Deutschordensstaate bis zum Jahre 1450**, in: Elbinger Jahrbuch 2 (1922), S. 1–116 [zit.: Rathgen: Die Pulverwaffe im Deutschordensstaate].

Rautenberg, Wilhelm: **Böhmische Söldner im Ordensland Preußen**. Ein Beitrag zur Söldnergeschichte des 15. Jahrhunderts, vornehmlich des 13jährigen Städtekrieges, 1454–1466. Dissertation zur Erlangung der Doktorwürde der Philosophischen Fakultät der Universität in Hamburg, Hamburg 1953 [zit.: Rautenberg: Böhmische Söldner].

Rautenberg, Wilhelm: **Der Verkauf der Marienburg 1454–1457**. Mit Beiträgen zum zeitgenössischen Pfand- und Herrschaftsrecht sowie zur Treuepflicht im Landrecht, in: Bahr, Ernst (Hrsg.): Studien zur Geschichte des Preußenlandes. Festschrift für Erich Keyser zu seinem 70. Geburtstag dargebracht von Freunden und Schülern, Marburg 1963, S. 119–150 [zit.: Rautenberg: Der Verkauf der Marienburg 1454–1457].

Samsonowicz, Henryk: **Der Deutsche Orden und die Städte in Preußen**. Verknüpfungen und Unterschiede im kulturellen Leben, in: Ordines Militares III, S. 7–22 [zit.: Samsonowicz: Der Deutsche Orden und die Städte in Preußen].

Sarnowsky, Jürgen: **Der Deutsche Orden**, München 2012 [zit.: Sarnowsky: Der Deutsche Orden].

Schneidereit, Otto A.: **Die Prussen und der Deutsche Orden**, Berlin 1994 [zit.: Schneidereit: Die Prussen].

Tandecki, Janusz: **Der Deutsche Orden und das städtische Handwerk in Preußen**, in: Ordines Militares XII: Die Ritterorden in der europäischen Wirtschaft des Mittelalters, hrsg. v. Roman Czaja, Jürgen Sarnowsky, Toruń 2003 S. 169–181 [zit.: Tandecki: Der Deutsche Orden und das städtische Handwerk].

Tresp, Uwe: **Söldner aus Böhmen**. Im Dienst deutscher Fürsten: Kriegsgeschäft und Heeresorganisation im 15. Jahrhundert, Paderborn 2004 [zit.: Tresp: Söldner aus Böhmen].

Tresp, Uwe: **Die „Quelle der Kriegsmacht“. Böhmen als spätmittelalterlicher Söldnermarkt**, in: Förster, Stig/Jansen, Christian/Kronenbitter, Günther (Hrsg.): Rückkehr der Condottieri? Krieg und Militär zwischen staatlichem Monopol und Privatisierung: Von der Antike bis zu Gegenwart (= Krieg in der Geschichte 57), Paderborn u.a. 2010, S. 43–61 [zit.: Tresp: Die „Quelle der Kriegsmacht“].

Tresp, Uwe: **Böhmen als Söldnermarkt des ausgehenden Mittelalters**, in: Kolnberger, Thomas/Steffelbauer, Ilja (Hrsg.): Krieg in der europäischen Neuzeit, Wien 2010, S. 36–57 [zit.: Tresp: Böhmen als Söldnermarkt].

Voigt, Johannes: **Geschichte Preußens von den ältesten Zeiten bis zum Untergange der Herrschaft des Deutschen Ordens**. Bd. 8, Die Zeit von Hochmeister Konrad von Erlichshausen 1441 bis zum Tode des Hochmeisters Ludwig von Erlichshausen 1467, Königsberg 1838 [zit.: Voigt: Geschichte Preußens].

Walczak, Bartolomiej: **Fighting on horseback in late medieval Europe**, in: Medieval Warfare, Vol. 2 Issue 2, S. 47–51 [zit.: Walczak: Fighting on horseback].

Ziegler, Uwe: **Kreuz und Schwert**. Die Geschichte des Deutschen Ordens, Köln – Weimar – Wien 2008 [zit.: Ziegler: Kreuz und Schwert].